I0566779

DISCLAIMER

The author and publisher are providing this book and its contents on an "as is" basis and make no representations or warranties of any kind with respect to this book or its contents. The author and publisher disclaim all such representations and warranties, including but not limited to warranties of merchantability. In addition, the author and publisher do not represent or warrant that the information accessible via this book is accurate, complete, or current.

Except as specifically stated in this book, neither the author nor publisher, nor any authors, contributors, or other representatives will be liable for damages arising out of or in connection with the use of this book. This is a comprehensive limitation of liability that applies to all damages of any kind, including (without limitation) compensatory; direct, indirect, or consequential damages; loss of data, income, or profit; loss of or damage to property; and claims of third parties.

This Book Offers Free Bonus Puzzles

Available Here:

BestActivityBooks.com/WSBONUS20

5 TIPS TO START!

1) HOW TO SOLVE

The Puzzles are in a Classic Format:

- Words are hidden without breaks (no spaces, dashes, ...)
- Orientation: Forward & Backward, Up & Down or in Diagonal (can be in both directions)
- Words can overlap or cross each other

2) LEVEL UP THE GAME!

A space is provided next to each word to write new ones, translations or notes. We also offer a convenient **NOTEBOOK** at the end of this edition. It can help you organize your annotations, new words and/or observations.

3) TAG YOUR WORDS

Have you tried using a tag system? For example, you could mark the words which have been difficult to find with a cross, the ones you loved with a star, new words with a triangle, rare words with a diamond and so on...

4) EASY TO CUT!

The Puzzles come with an Extra Large margin to easily cut the page out of the book. Some people may feel it more convenient to solve them this way.

5) FINISHED?

Go to the bonus section: **MONSTER CHALLENGE** to find a free game offered at the end of this edition!

Want **more fun** and activities to **relax? It's Fast and Simple!** An entire Game Book Collection **just one click away!**

Find your next challenge at:

BestActivityBooks.com/MyNextWordSearch

Ready, Set... Go!

Did you know there are around 7,000 different languages in the world? Words are precious.

We love languages and have been working hard to make the highest quality books for you. Our ingredients?

One part easy-to-read print, three parts entertainment, then we add some challenging words and a pinch of rare ones. We brew them with care to serve you lots of fun and an opportunity to solve the best puzzles.

Your feedback is essential. You can be an active participant in the success of this book by leaving us a review. Tell us what you liked most in this edition!

Here is a short link which will take you to your Amazon orders review page.

BestBooksActivity.com/Review50

Thanks for your fidelity and enjoy the Game!

Delta Classics Team

Puzzle 1

```
Q E O Y M F S Q K V R E V M S
T E L I T U J V C N J E E A I
O I N B E L A R E N E G N E L
E N O I S S E R P G W G I S E
R K X Y M K I E V C L N R T N
A M I C O R R O C L S I E R Z
R A I R O G E T A C J S A O I
T P R E V I S T O F N U X T O
S P O Z C R E S C E R E T B O
O D O I R E P O L J O M I I Z
M K J M I N D O S S A T O R V
I X L S G E S E Z I O N E R U
D P E R S E G U I R E R C A C
G O S A Z U D Q T K L H H R J
```

AMICO
UTILE
CRESCERE
SVEGLIATO
SERIE
TERMINE
BIRRA
VENIRE
PREVISTO
GENERALE

PERSEGUIRE
PERIODO
MAESTRO
CATEGORIA
SEZIONE
INDOSSATO
PECK
SILENZIO
DIMOSTRARE
PRESSIONE

Puzzle 2

```
O B M O I P G R A S S O X S X
B P E R I R E A A I A Y T E K
I S T A V A A U T O X J I U N
E T E R P R P V N B A J N V A
T R Z C H V I W A R X S D G J
T A A C E T O N I N A P A B J
I R F P W K R F P C Q Q G J V
V I F F P F X Z R L B E I S E
O G R T E U T Q W A V D N O R
O H A A L T L C R X T N E M S
X E G B A E T I P X M E N M A
F L O C G L L O V F V P L A T
E L L D E Y K S L S V I C L O
D O A O L O C I E V V D U O O
```

VEICOLO
FRATELLO
RIGHELLO
PIOMBO
LEGALE
RETE
AFFETTO
OBIETTIVO
PANINOTECA
FRAGOLA

SOMMA
PERIRE
DIPENDE
SVILUPPARE
STAVA
GRASSO
INDAGINE
AUTO
PIANTA
VERSATO

Puzzle 3

```
I  L  D  M  P  D  I  S  A  S  T  R  O  S  R
M  M  N  B  N  U  P  G  C  H  D  Q  T  C  G
I  C  P  K  S  O  N  I  V  O  R  P  I  I  D
S  T  E  R  B  B  I  L  A  W  U  G  S  O  I
C  C  R  Q  O  G  N  U  L  N  X  M  E  C  M
E  A  O  D  M  P  G  P  M  C  T  Q  R  C  I
L  C  M  K  W  N  R  X  U  O  U  O  L  O  N
A  A  U  C  X  À  T  I  L  I  C  A  F  L  U
S  O  R  T  R  R  A  L  O  C  I  V  R  A  Z
P  O  R  T  A  T  I  L  E  T  D  M  K  T  I
L  A  T  T  U  G  A  O  K  U  Y  Z  F  I  O
M  O  S  T  R  A  N  P  D  B  O  B  V  M  N
Y  H  E  L  Q  T  T  S  F  O  P  D  Z  I  E
K  R  S  P  E  D  I  Z  I  O  N  E  I  E  E
```

DISASTRO	PORTATILE
MISCELA	SCIOCCO
ESITO	CACAO
IMPROPRIO	LIBBRE
PROVINO	MOSTRA
ARVICOLA	RUMORE
SPEDIZIONE	LATTUGA
DIMINUZIONE	LUNGO
FACILITÀ	IMITA
TUBO	PIANTO

Puzzle 4

```
A  C  I  T  A  M  M  A  R  D  T  K  K  B  C
O  H  E  D  L  H  I  F  M  V  X  N  P  I  A
C  H  L  M  E  I  P  N  M  A  L  C  E  O  V
D  O  M  A  N  I  N  R  U  F  L  Y  H  L  O
Y  R  B  R  I  N  D  E  I  T  U  V  A  O  L
U  O  M  O  N  W  Y  C  A  L  O  D  T  G  F
S  B  K  N  V  O  Q  V  R  Z  A  E  T  I  I
M  S  J  G  E  R  F  C  T  S  X  S  E  A  O
E  E  X  I  R  G  O  V  N  A  K  R  C  Z  R
T  M  V  S  N  D  M  X  O  G  L  P  I  I  E
T  P  E  L  O  Q  Y  Y  L  L  I  M  M  A  O
E  R  X  X  A  T  S  I  L  O  S  O  A  T  M
R  E  O  T  A  N  E  T  N  A  T  B  C  B  H
E  B  V  Y  D  Q  I  X  G  A  A  W  O  K  D
```

MINUTO	CAVOLFIORE
SEMPRE	LEI
SMETTERE	INVERNO
CAMICETTA	ALCE
LINEA	SEI
DRAMMATICA	ANTENATO
LISTA	UOMO
DOMANI	SIGNORA
SOLISTA	LONTRA
BIOLOGIA	RILASCIO

Puzzle 5

```
G C N Y E D U P N D M R D E B
E O A X L I I Z F A L G R N S
N L M Z Y I H F Y D Y F Q O B
T T H K E D N E E N O P A S A
I E P H P J W G X S Q C I S L
L L B D B B X I U I A Y Z E L
E L A D E B B E R A S S Z R U
G O G G I O C O S O G S V G V
A Z N A T S O S Q G F G J N I
R P O N I R A C T X O A I I O
U S I A N T E R I O R E M O N
O D W E R E N E T T O A L E E
T Q I R N I N D O V I N A R E
A T S E F O T N E M O M U V W
```

FESTA
SAPONE
ALLUVIONE
INGRESSO
LINGUAGGIO
GENTILE
RUOTA
INDOVINARE
COLTELLO
OTTENERE

PIENO
GIOCOSO
DIFESA
BAGNO
CARINO
ZIA
SAREBBE
ANTERIORE
SOSTANZA
MOMENTO

Puzzle 6

```
P P R D D T R O V A R E C F A
E O I I M I C R A Z W V I A D
R P S S K G P H E X L Q G Z G
S O P T T K Z I I G X L N N I
O L A R D A R E N E I X O E G
N A R A O I H R L G S O H D A
A Z M R B A N A N A E T N N N
L I I R C O I L M H S R O E T
M O O E P G P O P X W E P E
E N H I Y P S P A Z Z O L A S
N E V U L O R P E C I C L O C
T E S G A L O T O I C U D F O
E I E Y I A G G R E S S I V O
M E N T E G D I F F I C I L E
```

POPOLAZIONE	MENTE
SPAZZOLA	AGGRESSIVO
GALOPPO	DIPINGERE
CHIESTO	DIFFICILE
CICLO	RISPARMIO
GIGANTESCO	DISTRARRE
TROVARE	PENDENZA
CIGNO	BANANA
CIOTOLA	DARE
PERSONALMENTE	REGIONE

Puzzle 7

```
R I S O L V E R E L U T L A C
A T T R A V E R S O P K X P A
S A E A K S B D F F Y Z X Z R
J C L Q W O E E O A M I L C A
B I A G I D L V R R P C E S T
O T C R E A L O M G W A G H T
D S I F A N O N A A L N K K E
N H P C R B E O T R I A Z H R
O K O L N E E R O A F R H O I
C N R O Q U S O O P V I H R S
E W T C D M D I K S O N S S T
S O G N O A D F A P I O S O I
P A L L A N H S D Q X T P P C
Z Q W P Z O G I O C O B À G A
```

PALLA   PARAGRAFO
ORSO   UMANO
SECONDO   CLIMA
RISOLVERE   CANARINO
ATTRAVERSO   FORMATO
GENEROSITÀ   GIOCO
DEVONO   FRESIA
BELLO   SODA
SOGNO   SCARABEO
CARATTERISTICA   TROPICALE

Puzzle 8

```
E  H  C  O  I  N  V  O  L  G  E  R  E  N  V
R  S  A  F  E  A  L  L  E  M  A  R  A  C  O
A  K  E  B  I  T  N  E  V  X  C  H  T  V  L
T  U  K  R  I  Y  X  G  Y  K  E  G  L  S  O
S  X  G  M  C  T  O  G  A  L  Z  I  O  T  N
U  I  B  Z  F  I  A  E  Z  P  E  C  C  R  T
I  M  V  A  R  U  T  T  E  L  M  B  S  U  A
G  K  I  U  X  L  L  A  J  S  L  A  A  T  R
G  D  U  S  O  T  S  A  R  T  N  O  C  T  I
A  P  P  U  Z  S  J  P  X  E  X  R  Y  U  O
R  D  S  O  S  I  R  R  O  S  E  U  Y  R  J
U  F  E  N  E  F  X  Y  E  J  Y  M  I  A  O
P  E  M  O  N  A  V  I  D  T  V  N  N  B  V
C  O  M  P  R  A  T  O  N  P  R  K  I  C  F
```

COMPRATO	COINVOLGERE
ESERCITARE	SUONO
CAMPAGNA	VENTI
ZUPPA	HABITAT
VOLONTARIO	LAGO
CARAMELLA	LETTURA
AGGIUSTARE	CONTRASTO
ASCOLTA	STRUTTURA
MURO	SORRISO
LEGGE	DIVANO

Puzzle 9

```
C U H D T R I B E S D U V X U
D A Q U V F C O M F O R T C T
D R R B J I I D E S I G N L E
I E B O A Z P D R O C C I A M
F H U K T U M V U J C O L O P
F C F B S A O K P C B A S K E
E S A T I J R E P P I L F F R
R A L Q T J R D F T F O J P A
E M O R R S E S U O M O S J M
N X D L A A T S I V I R J O A
Z P E R A S N E P R E A L E T
A P Z X B E I D O L C E S G I
T M F B S I T U A Z I O N E T
P B K J S S U C C E S S O D E
```

SITUAZIONE
BUFALO
MOUSE
DOLCE
SUCCESSO
FIDUCIOSO
DESIGN
INTERROMPI
CAROTA
TEMPERAMATITE

RIBES
RIVISTA
MASCHERA
REALE
COMFORT
ARTISTA
DIFFERENZA
ROCCIA
PENSARE
FLIPPER

Puzzle 10

```
P F R Z V C A M P A N A D C O
F I O I P R O C E D U R A A Y
V N J Z V A D O T T A R E P R
H I C X C A T N E V I D B P I
O T N E M A N R O I G G A E C
T U T D S T A N C O R N T L H
A R C E O L O V A C I V R L I
C A T R R M T B H Q T S E O E
I N D E A M A I M M M Z F B S
L Z R T I L I N A J O J F H T
P E X O B C V N D F B W O O A
U K W U H M C C I A U K A N R
D E L C B C O Q F H O B B Y J
W A F S D G U Q S E S N Q X V
```

DUPLICATO
DIVENTA
AGGIORNAMENTO
ADOTTARE
BOXE
PROCEDURA
TERMINI
CAMPANA
CAVOLO
SCUOTERE

RIVA
HOBBY
STANCO
SFIDA
CAPPELLO
OFFERTA
FINITURA
DOMANDA
RICHIESTA
RITMO

Puzzle 11

```
G T X C P O L I Z I A M T G K
K A D Q O T T O R R E T N I M
J L M Z F S S I C D D O H C O
N U B B U S T F H B R M S O T
S U K Q E U Z R I I E B Y N I
G J M Y Y O E Y U W V R I V V
I B A E R A S E P T H A N E A
K E R A R E P O O C T N V G Z
S R T C J O E N O D I O E N I
P O R T A T O T R H Z Y N O O
I N D I V I D U A R E I T L N
T E L E S C O P I O N W A T E
R I S I B I L E B V U Q R E H
S T A Z I O N E L E Q H E U T
```

PESARE
INDIVIDUARE
NUMERO
GAMBE
OMBRA
TELESCOPIO
INTERROTTO
COSTRUTTO
INVENTARE
PORTATO

VERDE
TRAM
COOPERARE
CHI
IDONEO
CONVEGNO
POLIZIA
RISIBILE
MOTIVAZIONE
STAZIONE

Puzzle 12

```
P G U X F A T T E N T O O G B
O R Y E N O I G A T S I Q W U
E A S R P T R Q E T N E D N D
C T C O O A N M N X W Y Z H X
A U H I L C J O I U F O N D O
L I E L L I E A F C G U W M T
D T R G I L J Q N M A D M I S
O O M I C P F I O D D E R F O
F K A M E M G I C A O C V T P
I O U H T O P C L L N E E A C
H A G O Z C I G H A N N L S W
N Z L L X O S O U K A N E S L
O D B U I F N Q Y Q N I N O Q
Q Z S S X O Y T I N A O O J F
```

ATTENTO
VELENO
FOGLIO
MIGLIORE
DONNA
FONDO
TASSO
POSTO
FREDDO
POLLICE

COMPLICATO
STAGIONE
DECENNIO
DENTE
CALDO
CONFINE
SCHERMA
FORMICA
GRATUITO
FILA

Puzzle 13

```
K G I B F E R R O B F B T L Z
Q T N K O P X E S F X J A A R
L P D V J L P N O F C Z G S F
R A I N O T L O M O F W L C A
Q R C E R U T I N R O F I I L
V U E K N B J C T K L G E A E
O T A S N E S N I O U T N M N
L R S G K O C A E Z R U T A A
T E L A L E P R A C S E E H Y
V P A Y G I J A F I S C A L E
M O L B O N A M E T T E R E T
I C M E D M E N Z I O N A R E
O N G A T S M E N T A L E O Z
C O N V E R S A Z I O N E G F
```

FERRO
CONVERSAZIONE
MOLTO
FORNITURE
TAGLIENTE
ARANCIONE
INDICE
STAGNO
INSENSATO
FALENA

COPERTURA
QUAGLIA
METTERE
MIO
LASCIA
FISCALE
BOLLITORE
MENTALE
MENZIONARE
SCARPE

Puzzle 14

```
P A C T E Y J T L W W G T R L
R R S H R B N O T E P P A T Q
I M O O I G G E T N U P L V A
V A N I N U P I C N M S E A G
I D A D E H N O E Q V B N C R
L A M U V O V Q L R M F T A I
E P A T E I V Y U I I L O N C
G M G S R V K N F E T T I Z O
I A U Q P W V H K M W I H A L
O L I K T A I G O L O N C E T
E C C E Z I O N E H O U C A O
F H S D E C I S I O N E E I R
E R A P I C E T R A P N P A E
R E A Z I O N E L Q I S S K O
```

TAPPETO
VACANZA
IERI
PARTECIPARE
STUDIO
TECNOLOGIA
PREVENIRE
PRIVILEGIO
PUNTEGGIO
LAMPADA

POLITICA
AGRICOLTORE
SPECCHIO
REAZIONE
TALENTO
ARMA
CHIUNQUE
DECISIONE
ECCEZIONE
ASCIUGAMANO

Puzzle 15

```
L  T  S  R  F  G  X  I  O  C  E  L  D  F  O
E  E  F  I  I  P  C  A  R  T  A  E  F  O  R
G  R  I  M  N  I  R  C  H  I  A  R  O  C  G
G  Z  U  A  A  T  H  O  I  B  C  R  C  A  A
E  O  M  N  N  A  C  R  N  A  T  A  W  C  N
R  K  E  E  Z  M  O  C  F  T  Y  N  I  C  I
E  S  S  R  I  L  I  B  O  M  O  F  L  E  Z
J  N  X  E  A  B  A  M  B  I  N  I  Y  D  Z
B  W  H  E  R  T  N  E  M  C  W  R  A  O  A
A  K  V  C  I  A  I  P  P  O  D  E  Q  M  Z
C  B  B  U  O  L  C  L  G  D  I  S  S  O  I
P  E  N  S  I  E  R  O  O  S  W  A  Z  C  O
H  V  L  O  F  O  R  Z  E  S  Q  S  O  U  N
D  Y  F  J  X  X  J  W  J  B  T  A  A  H  E
```

BAMBINI   COMODE
CHIARO   CLOU
RIMANERE   FIUME
LEGGERE   DOPPIA
TERZO   ORGANIZZAZIONE
FINANZIARIO   FOCACCE
MOBILI   CARTA
FORZE   PENSIERO
ELFO   SOLITA
PRONTO   MENTRE

Puzzle 16

```
M  B  J  W  T  U  K  K  L  C  O  C  O  T  P
K  G  S  L  B  A  T  S  O  P  S  I  R  O  O
C  H  I  E  D  E  R  E  T  C  T  F  T  L  S
O  L  L  E  M  M  A  C  M  U  X  R  O  L  S
G  S  N  E  M  U  S  I  C  A  P  H  G  E  I
U  I  O  L  L  A  G  A  B  M  K  I  L  R  B
A  S  I  I  S  O  L  D  I  M  Y  T  D  A  I
D  U  C  B  G  J  C  C  X  A  L  E  V  A  L
A  H  C  I  B  I  M  L  A  G  W  X  V  Q  I
G  A  I  S  U  O  L  O  X  S  W  W  X  C  T
N  T  R  S  O  M  E  E  E  H  U  C  E  C  À
A  C  M  E  T  N  E  R  R  O  T  A  S  D  R
R  I  Y  L  G  U  A  R  D  A  R  E  L  Q  S
E  Z  W  F  I  N  C  O  N  T  R  O  X  E  R
```

MUSICA   POSSIBILITÀ
CASUALE   SUOLO
GALLO   INCONTRO
VELA   STUPIDA
GAMMA   SOLDI
GUARDARE   RISPOSTA
FLESSIBILE   RELIGIOSO
TORRENTE   GUADAGNARE
RICCIO   CHIEDERE
CAMMELLO   TOLLERA

Puzzle 17

```
S  C  A  P  I  T  A  L  E  E  O  E  C  N  I
P  E  R  A  V  A  N  E  L  L  O  R  G  A  M
C  R  L  R  U  G  I  A  D  A  N  C  V  E  J
A  X  O  V  K  Z  J  F  O  P  A  B  C  V  W
P  A  B  M  A  Y  F  R  G  I  R  W  G  E  L
I  C  R  L  E  G  F  H  U  Q  G  S  P  F  S
T  U  I  X  P  S  G  P  I  T  T  U  R  A  W
O  B  T  S  R  K  S  I  S  P  O  S  A  R  E
T  R  O  N  C  O  Z  A  O  L  E  G  N  A  C
P  A  R  T  E  C  I  P  A  N  T  E  I  M  O
I  N  D  I  P  E  N  D  E  N  T  E  B  A  R
B  I  B  L  I  O  T  E  C  A  Z  F  J  M  S
F  A  M  I  G  L  I  E  A  F  F  A  R  E  O
C  O  L  L  A  S  S  O  V  E  L  O  T  H  F
```

SELVAGGIO	CAPITO
RAVANELLO	FAMIGLIE
ANGELO	CAPITALE
PITTURA	MAGRO
CORSO	PARTECIPANTE
INDIPENDENTE	GRANO
RUGIADA	SPOSARE
PROMESSA	AFFARE
BIBLIOTECA	COLLASSO
TRONCO	SECCO

Puzzle 18

```
S A B A T O I C A B F F Q O G
W E O F S R J J G N I F E M X
O M W I D D R A O E M E N O E
T J V P A U T O S T R A D A L
Q M Z G U S L F B U G O S W I
W P H T O R O N A T I V O Q B
T R A T T A T O N U O T A T A
O S I C U R E Z Z A O U M Y I
T S J H K D N O T A S S O F R
A T S I V R E T N I R T D D A
A B Y O A N I M A L E E E I V
A C C A D E M I C O V S S O U
P V E R D E T T O B N S T J Z
F A V O R E V O L E I I O J T
```

SICUREZZA   BACIO
MENO   ORO
INTERVISTA   NOTA
OSSO   INVERSO
ACCADEMICO   MODESTO
NUOTATA   AUTOSTRADA
STESSI   TRATTATO
VARIABILE   VERDETTO
FAVOREVOLE   SABATO
NATIVO   ANIMALE

Puzzle 19

```
C  I  B  C  C  O  D  V  M  W  G  K  M  O  C
A  N  A  L  O  Z  O  J  E  L  P  X  U  F  H
S  P  L  T  M  F  V  M  U  R  W  B  S  O  I
T  I  A  E  P  R  E  R  N  P  M  I  I  V  A
A  L  C  C  A  B  R  J  I  I  P  E  C  E  R
G  L  R  N  G  G  E  Z  C  S  H  C  A  N  A
N  O  I  I  N  I  S  P  A  O  O  A  L  U  M
E  L  M  C  O  U  S  Y  X  W  N  K  E  T  E
L  A  A  A  P  D  H  D  M  T  X  T  T  O  N
E  R  A  Z  Z  I  N  A  G  R  O  E  R  R  T
N  E  I  K  R  C  F  U  R  G  O  N  E  O  E
L  A  R  G  O  E  R  E  D  N  O  P  S  I  R
E  C  C  E  Z  I  O  N  A  L  E  N  N  G  K
N  Y  E  M  E  R  G  E  R  E  V  P  R  H  S
```

EMERGERE
CONTRO
VENUTO
RISPONDERE
ORGANIZZARE
DOVERE
TECNICA
LACRIMA
RISO
CASTAGNE

FURGONE
GIUDICE
VERME
LANA
CHIARAMENTE
PILLOLA
MUSICALE
LARGO
ECCEZIONALE
COMPAGNO

Puzzle 20

```
A  P  E  U  F  F  I  C  I  A  L  E  I  A  A
N  E  H  P  P  X  O  D  W  J  O  H  N  V  L
E  S  T  R  E  M  A  M  E  N  T  E  D  I  L
T  I  G  I  R  O  N  L  N  K  N  R  I  M  E
N  O  N  A  F  O  E  M  O  N  A  H  V  I  N
E  C  G  V  L  M  C  Z  I  U  U  J  I  N  A
M  D  H  G  I  Y  S  Y  C  T  C  U  D  U  M
A  T  Y  G  I  A  V  A  S  E  I  S  U  S  E
M  M  E  S  E  Q  R  C  E  J  O  Y  O  C  N
I  A  N  D  A  R  E  E  R  A  J  V  U  O  T
T  S  E  R  V  O  N  O  C  U  A  J  P  L  O
L  E  T  O  M  A  G  E  R  A  L  O  P  O  P
U  D  U  R  A  T  A  B  W  D  Q  D  F  Z  P
K  Q  N  O  S  S  E  R  V  A  N  D  O  B  P
```

ESTREMAMENTE
OGGI
ULTIMAMENTE
MESE
INVIARE
DURATA
MINUSCOLO
SCENA
MOTEL
INDIVIDUO

CRESCIONE
OSSERVANDO
GIRO
ALLENAMENTO
SCUOLA
SERVONO
NOME
UFFICIALE
ANDARE
POPOLARE

Puzzle 21

```
X  J  P  H  C  F  A  T  T  O  F  O  R  M  A
O  B  Z  P  J  O  D  I  P  U  C  S  M  L  E
T  Z  D  R  B  O  L  U  L  D  F  E  A  S  Y
O  D  X  Y  B  O  N  P  I  N  H  N  E  Z  D
V  E  R  S  I  O  N  E  I  S  T  O  R  I  A
P  S  R  O  F  A  T  T  U  R  F  I  E  S  A
P  I  O  D  R  A  U  G  S  S  E  Z  C  T  L
Z  W  A  R  F  N  Y  G  A  D  C  A  R  R  L
O  C  F  Z  P  T  T  N  O  X  I  L  A  A  A
R  Q  D  D  Z  R  B  N  V  E  L  E  C  T  T
B  U  G  I  E  A  E  D  Y  X  P  R  Z  E  T
M  E  D  I  A  A  A  S  N  J  M  F  S  G  A
P  O  C  H  E  D  J  U  A  E  E  Z  X  I  N
C  O  N  O  S  C  E  N  Z  A  S  X  V  A  O
```

FRUTTA	FORMA
ALLATTANO	SORPRESA
RELAZIONE	PIAZZA
SGUARDO	CUPIDO
STRATEGIA	BUGIE
FATTO	CONOSCENZA
POCHE	CARCERE
VOTO	STORIA
MEDIA	SEMPLICE
COLPIRE	VERSIONE

Puzzle 22

```
D I R E Z I O N E M E D Y H C
P U P D O O L F I D R B N T O
O S P K A O R M X W U E I N S
N A O X G J C E Q O T C M M E
Y T U W L W R O S A T T A S E
G O N A G E I P M I A A C C R
H E S I T A R E W F R S L O A
I A L I K I Y H W G E I I M V
A G L E V Z I O C B K N E U I
C I U B T K T S X E J O N N R
C P T A E T P A Y T Z E T I P
I S G O M R O V J G R Q E T Z
O T A I C C I R R A O D H À Z
G R A D U A L E M A N U A L E
```

IMPIEGANO
ESITARE
MANUALE
RISERO
COMUNITÀ
GRADUALE
GHIACCIO
ESATTA
USATO
ROSA

LETTO
PONY
ARRICCIATO
ERUTTARE
COSE
CLIENTE
ALBERI
ASINO
PRIVARE
DIREZIONE

Puzzle 23

```
L O F E N K I D W P K R Q T M
D I S T R U G G E R E M P R A
P C B N L G R X I C L I R E M
I C L E I A Y A J D M L O N M
C O O C B T U O Z Q U I C T A
C R C E R T F B U Z R T E A N
O P C R O O T A T S O A S Z I
L P H M O D I F I C A R S B B
I A I R K L S A O T Q I O Y A
V C P A R T I C O L A R E L C
D S B H T E L E F O N O A M S
B E N I F Z G G C D W G B B O
G P J K V L G M L D S Q B D L
M D X I T G P S I T S T U O G
```

STUDI   PARTICOLARE
MILITARI   STATO
LIBRO   TELEFONO
BLOCCHI   RECENTE
GATTO   MAMMA
APPROCCIO   MODIFICA
PICCOLI   PESCA
PROCESSO   FINE
RAZZO   TRENTA
CABINA   DISTRUGGERE

Puzzle 24

```
O T N E V E I F X A J A M T Z
D Y H R E K D G F G R J Z A M
Y O J A A N A L I S I I N L U
G L D R W A O C S M C K A E N
Y O O I L G O F I R G A U B Q
B C M P C J M Y D W U X C G O
G I O S Y I T J E W M L Y O O
Y T T I B I C I C F I G U R A
B R O I M E N O I S U F F I D
M A R J H L F T M W F M E P H
P E E Z E T A N O F E L E T A
N T D S C I A R P A T O L I P
W E P I F I E N I L E M H E Z
D F Y C O Z L A Z O T N I P S
```

MOTORE
BICI
AGRIFOGLIO
TALE
SPINTO
FIGURA
EVENTO
ARTICOLO
MEDIO
DODICI

LAZO
ISPIRARE
FIENILE
SCIARPA
DIFFUSIONE
TELEFONATE
DECIMO
ARIA
ANALISI
PILOTA

Puzzle 25

```
E T N A L L I R B V N F O I I
E S E P I D A I L G I M A F N
N L A I Q N I V C C A Q I M D
T E I L K I K E C I D C R S I
R L G C A K B L W O F E U R P
S A E O O M K A V E C A I G E
T V I F Z T V R W U M R G Q N
A A L U Z I T E M W I U B C D
N R I A K I A E Q B G D L O E
D E C E B P C R R C R R O L N
E V A C U A R E E O A E C K Z
A B B O N D A N Z A R V C M A
X Y R I C H I E D E E C O T T
T R A T T A M E N T O Y E Z B
```

GIURIA   RICHIEDE
DICE   FAMIGLIA
GIACEVA   ABBONDANZA
NEGOZIARE   BRILLANTE
RIVELARE   CILIEGIA
INDIPENDENZA   SALA
ELICOTTERO   STAND
BLOCCO   EVACUARE
VERDURA   LAVARE
TRATTAMENTO   MIGRARE

Puzzle 26

```
T R A S P O R T A T O S H S I
R W G P N C O K Y T R I W I K
E A E Q G I A L L O C C Y K F
R L L P Q U V W N L T U Y E O
I O I H R T U G E C A R O R R
Q N T P J G U X T L R O R M N
I N R T H J U Z A Z D S G E I
Q O O P O D L A T J I N O L R
I D C G N Y P L N C V E G L E
R X N M W U F L A T O D L I Y
D Y H V I I I I C I I D I N I
J A I L O V E P L O C S O O Q
Q C D G R V F U C C Q C S U T
E O S O V O I P D K S B O W Y
```

TRASPORTATO   CORTILE
GUANTI   ROTTO
DOPO   DONNOLA
GIALLO   UVA
KIWI   DENSO
FORNIRE   COLPEVOLI
CANTATE   ORGOGLIOSO
PUPILLA   TARDIVO
SICURO   ERMELLINO
PIOVOSO   DADO

Puzzle 27

```
K A S R A P I D A M E N T E R
G L P B O T T I G L I E O K I
D I O L L E D O M F D Q R G C
Q E R O I F J G F D O A D H O
U P C W G T Q G N N T I I X N
F T A P A N T A L O N I N F O
O N I B M A B Q N I O N A D S
R A L L E N I C C O C P M O C
I B X R M S C E L T A E E N E
F O B H V E R O T U A R N N R
O J O V S Y N D J U U D T E E
R Q Z H Ì D E T R A M O O A J
M T E R M I C O E Q J N A X X
A U L M O N D O Z X A A T I V
```

BAMBINO
SPORCA
PANTALONI
UTILMENTE
MONDO
PERDONA
CONTO
SCELTA
MARTEDÌ
TERMICO

DONNE
RICONOSCERE
ORDINAMENTO
RIFORMA
AUTORE
RAPIDAMENTE
BOTTIGLIE
MODELLO
COCCINELLA
FIORE

Puzzle 28

```
H H L F R P X B H B E C E T E
S N W D O R I K Y X D H N D S
E M Q J C A S E T T A I W N I
S K W G I T S N D R Z A K L S
C O X R M O E C A L S R O C T
M O E C O J Y L R I U I E H E
T O N B T E N T A R E S O E U
J T G S A I T I V I R C S I I
N A A L I U Q A Z T R E M J Z
N J G W I D O I R A N E C S A
A M I C I E E B D A Y V T U G
R A G A Z Z E R O D O I Q A O
S A G G E Z Z A A T L A S B M
N A S T R O R E S I S T E R E
```

AMICI   MATERIALE
RESISTERE   AGO
MOGLIE   CHIARISCE
CONSIDERA   SAGGEZZA
TENTARE   AQUILA
ATOMICO   PRATO
ISCRIVITI   SCENARIO
SALTA   NASTRO
ODORE   ESISTE
ATTESA   RAGAZZE

Puzzle 29

```
Z K I E N O I S U L C N O C X
P O T R E B B E C W B K R L C
X I C I S S Y P O O T N U P
B G Z R P A O C M E S A N N A
P I Y A D L R C E R V S T E L
V R C P R T E I U A T M E D L
D G E S H A L M R N R A I Ì O
F W N Z R T L U A I D N X K N
L V T I I O A C I B R I O Y C
P H A G G O T C N B A C C H I
A N E L L O S A O A O I P I N
S E N T I T O O N K O D J P O
C O N F E S S I O N E E V I K
A B B R A C C I A T O M H H X
```

SORELLA   ABBRACCIATO
ANELLO   NON
LUNEDÌ   PREZIOSO
PUNTO   CONCLUSIONE
CONFESSIONE   MUCCA
SPARIRE   SALTATO
SCOSSE   UNDICI
GRIGIO   PALLONCINO
POTREBBE   ABBINARE
MEDICINA   SENTITO

Puzzle 30

```
S E V E R B O V I T A R E P O
I P L B L B L V D T A B N T X
S R E E I R C W S H B N E A L
S R R C M M G E J X J M B D M
G E I R I E F A G D T G B D V
A C R I F F N W T W V N E I E
B E F C I O I T L O V E S O C
E N F E N Q A C O C I N A M C
L S O R O M D H A X H A T E H
L I S C G U A R D A T O S Y I
O O B A G R E M B I U L E U O
P N V T Z V T O R T A H R M G
J E O O I G G A L L I V O O N
W L O P U L F D W L N Z F G W
```

SGABELLO   VERBO
MANICO   SPECIFICA
GUARDATO   OPERATIVO
ELEMENTO   SOFFRIRE
VILLAGGIO   TORTA
GREMBIULE   UOVO
VOLT   RICERCATO
SEBBENE   ADDIO
VECCHIO   RECENSIONE
FORESTA   FINO

Puzzle 31

```
A A Y Q Q J V N I C U A V P G
F R F H S E R A N I G A M M I
F R U Z A S S J À T T I C L Z
A I B P I A U G Q A S U C C O
M V E M W B B T A Z D C I L S
A A S A Q F G R Z I C O A I S
T R B T C O R T A O A V R Y A
O E I U T N D F G N R R O S P
D R T R Q E L R Q E I U I Y O
N P A O A A R G O S C L G P D
E T W F D Y G R B B A I G J V
T M S L Z S T K O G B L E K M
N E V I D E N T E R F L P L H
I K E S E M P I O H E A J W R
```

BASE
PASSO
MATURO
BORDO
ARRIVARE
IMMAGINARE
SUCCO
CORTA
CITAZIONE
LILLA

DORSO
BIT
CITTÀ
PEGGIOR
ESEMPIO
EVIDENTE
CARICA
TERRORE
INTENDO
AFFAMATO

Puzzle 32

```
D S S F W F W L U L I M O N V
G I C O I C S U G A F C N S O
I N S A R K C O O V K I O N C
R G B P T P E G N O I F R F A
A O G I O O R Z U R R O E E B
S S J H P N L E C O E R V R O
O I W C U U I A S Z A C O M L
L B D L L Z Y B A O C E L A A
E H P I Z Z A Z I A I L M R R
N Q J W W F W A C L D L E E I
E K V H U J P I C L E A N A O
G I O V A N E C W I D P T G E
I N D I C A R E B P Q M E R N
B R A T R O P P U S T L V O W
```

GUSCIO   FORCELLA
LAVORO   SCATOLA
SPILLA   ONOREVOLMENTE
FERMARE   PIZZA
DISPONIBILE   LUPO
DEDICA   BISOGNI
CHIP   SUPPORTA
SORPRESO   GIRASOLE
CIASCUNO   VOCABOLARIO
INDICARE   GIOVANE

Puzzle 33

```
D  T  Z  O  C  O  T  A  L  O  C  C  O  I  C
I  A  T  C  O  R  K  K  C  S  Y  T  A  U  G
V  V  N  J  R  T  M  A  J  A  T  S  O  P  I
E  O  O  T  P  O  M  I  O  C  C  T  P  A  O
R  L  T  R  O  G  U  A  N  W  X  Q  N  K  R
T  A  O  P  R  R  Z  I  R  I  Y  A  Q  Y  N
I  D  T  J  I  A  H  C  Q  R  Z  X  C  W  A
M  I  N  C  I  F  C  I  S  L  O  I  N  R  L
E  N  E  B  Z  I  H  M  V  E  J  N  A  K  E
N  G  M  D  F  A  S  A  F  U  T  S  E  R  W
T  L  I  L  W  Z  M  C  C  H  I  O  D  O  E
O  E  V  F  A  L  L  I  R  E  Z  V  Z  E  K
I  S  O  O  S  C  I  L  L  A  Z  I  O  N  I
Q  E  M  D  I  S  T  U  R  B  A  R  E  B  L
```

STUFA	MARRONE
INGLESE	CASO
INIZIARE	GIORNALE
CHIODO	POSTA
CAMICIA	DISTURBARE
DIVERTIMENTO	TAVOLA
MOVIMENTO	NOTO
CORPO	OSCILLAZIONI
CIOCCOLATO	CARRO
ORTOGRAFIA	FALLIRE

Puzzle 34

```
T M H U Y C T E D X D N C A P
V Y A E L A N O I Z A N R C I
G E V I C T A C A U S A I Q P
S R O B A O I R D B R T C U I
P A R T E L N M T D I S E I S
A T P Q N Z E B O I U E T S T
S I G N O R I N A S C T O T R
A V A Y S Z B J D P G O T A E
D E T E R M O M E T R O J R L
U X E R E T T E L F I R U E L
L D H T P D D I Q Q P M N K O
T F F P Z X M T C J E D O W X
O D E B O L E Q U E S T O X Z
C V S C O N T R A R S I U U E
```

PIPISTRELLO
PERSONE
PARTE
RIFLETTERE
TESTA
TERMOMETRO
ARTICO
NAZIONALE
SIGNORINA
DEBOLE

CRICETO
EVITARE
ADULTO
SCONTRARSI
QUESTO
PROVA
MAIALE
ACQUISTARE
ULTIMO
CAUSA

Puzzle 35

```
C  J  I  O  W  P  S  A  G  S  H  G  X  L  D
O  B  R  N  E  Y  T  C  T  U  D  Q  O  I  E
M  À  T  O  F  I  K  F  B  B  A  O  L  B  D
P  T  S  C  L  O  X  Y  S  B  S  I  O  E  I
I  E  O  S  Y  T  G  C  X  A  E  E  C  R  C
R  I  E  I  C  A  N  I  P  S  D  T  C  T  A
E  R  A  R  A  I  H  C  I  D  U  N  O  À  R
P  P  P  E  G  V  K  D  J  B  T  E  R  C  E
E  O  O  F  L  N  V  S  P  K  O  D  T  U  C
R  R  R  E  L  I  Q  D  O  C  C  I  A  O  A
B  P  E  R  A  D  N  O  F  F  A  S  N  C  P
Y  R  O  P  Q  S  I  G  N  O  R  E  A  E  A
S  E  R  R  A  T  U  R  A  M  Z  R  W  R  C
M  A  N  T  E  N  U  T  O  I  Y  P  I  E  E
```

SPINACI	GUAI
INVIATO	PREFERISCONO
SEDUTO	CAPACE
ANATROCCOLO	DICHIARARE
SERRATURA	PER
COMPIRE	DOCCIA
PROPRIETÀ	SIGNORE
LIBERTÀ	CUOCERE
PRESIDENTE	AFFONDARE
DEDICARE	MANTENUTO

Puzzle 36

```
V  I  R  T  U  A  L  E  E  S  T  C  F  V  T
S  E  D  I  A  Z  E  R  S  I  R  O  A  E  E
R  I  D  X  R  Z  N  A  S  S  A  L  T  R  M
F  H  B  R  U  E  O  N  E  T  S  L  T  I  P
P  B  I  N  T  H  I  I  N  E  P  E  O  F  E
S  L  L  Y  N  G  Z  M  Z  M  A  G  R  I  R
N  E  A  K  I  N  I  R  I  A  R  E  I  C  A
E  A  M  S  C  U  D  E  A  I  E  U  A  A  T
G  U  I  B  T  L  N  T  L  R  N  D  T  R  U
O  D  N  N  R  I  O  E  E  S  T  A  H  S  R
Z  A  A  K  C  A  C  D  N  R  E  D  R  I  A
I  C  K  A  J  L  R  A  L  I  V  E  L  L  O
O  E  G  E  E  Z  H  E  W  Y  J  O  R  D  N
I  D  E  N  T  I  C  O  G  Y  M  K  C  O  Y
```

CONDIZIONE
AUDACE
LIVELLO
DETERMINARE
LUNGHEZZA
SISTEMA
VERIFICARSI
TRASPARENTE
SEMBRARE
COLLEGE

FATTORIA
CINTURA
IDENTICO
VIRTUALE
NEGOZIO
ESSENZIALE
TEMPERATURA
SEDIA
PLASTICA
ANIMALI

Puzzle 37

```
Q  F  F  F  W  W  O  K  V  I  S  B  T  L  D
X  T  M  J  Q  K  F  T  I  C  O  T  L  A  L
H  H  L  P  H  C  E  N  O  I  S  I  V  D  Q
P  E  R  C  O  R  S  O  L  N  T  V  S  E  R
V  T  R  I  D  R  V  O  E  R  E  C  I  O  K
I  G  V  X  F  O  T  T  N  E  N  O  Z  T  E
T  X  N  E  U  W  L  T  Z  V  E  M  J  A  A
A  R  E  T  N  I  P  C  A  D  R  P  D  I  L
M  V  I  T  T  I  M  E  I  U  E  U  P  P  O
I  G  I  N  O  C  C  H  I  O  Q  T  W  P  Z
N  X  I  T  Q  X  T  G  V  G  J  E  D  O  Z
E  Z  L  O  Y  Y  Z  K  O  H  N  R  A  C  U
R  D  I  M  E  N  T  I  C  A  T  O  T  S  P
R  A  G  G  I  U  N  G  E  R  E  I  O  D  O
```

DIMENTICATO   INTERA
RAGGIUNGERE   COMPUTER
VITTIME   PERCORSO
VISIONE   QUATTRO
VITA   PUZZOLA
VIOLENZA   ALTO
DOLCI   VERNICI
SCOPPIATO   SOSTENERE
VITAMINE   GINOCCHIO
DAL   DATO

Puzzle 38

```
E C O X W X Z I X P X P J I X
P T U U A S E S E W J Q N G O
E R L Z M R U O I L G I F G B
C A G N I D O L M D R O H O D
O Q N J T L N A T S E P M E T
R I U M T F A T T K K O H R A
E M A A E R I O P T L B U A R
U P V P S L Z S B R E V E N R
Q O V R S I N E A R R R H G E
N R O A G T A P N Y A X F E S
U T C C I R S I H T Q G S T
V A A S R C D A W P T T W S O
O R T H C T J G D A E K K A D
Q E O Q Z L B C A A N A R T S
```

SPESO	STRANA
QUASI	STRADA
ISOLATO	NIDO
ANZIANO	NETTARE
TEMPESTA	OVUNQUE
AVVOCATO	FRETTA
BREVE	IMPORTARE
ASSEGNARE	FIGLIO
SETTIMA	ARRESTO
PECORE	SCARPA

Puzzle 39

```
S  C  V  K  Q  O  N  C  U  Z  E  T  W  J  O
C  O  O  A  F  K  O  G  R  U  P  S  P  O  Q
I  N  G  L  S  B  K  R  B  E  L  L  I  M  K
M  G  L  L  V  T  U  D  X  T  S  W  T  I  P
M  E  I  E  Q  C  I  C  L  N  R  C  J  H  U
I  L  O  G  K  I  M  L  O  A  A  M  I  O  T
A  A  N  A  W  Z  E  E  E  T  R  X  I  T  Y
Q  R  O  R  H  I  B  G  R  S  A  A  J  A  A
X  E  O  E  R  A  F  A  A  O  M  N  O  D  G
B  U  S  S  A  R  E  T  T  N  E  C  S  I  T
L  S  C  A  R  S  O  K  R  O  N  H  N  D  Q
R  I  L  E  V  A  R  E  O  N  T  E  K  N  Z
D  I  P  L  O  M  A  H  P  L  E  A  H  A  C
E  R  C  O  R  R  I  D  O  I  O  U  B  C  G
```

CONGELARE   CANDIDATO
CRESCITA   ALLEGARE
SCIMMIA   RILEVARE
SPURGO   CORRIDOIO
BUCO   FARE
MILLE   RARAMENTE
VOGLIONO   STILE
ANCHE   SCARSO
DIPLOMA   NONOSTANTE
PORTARE   BUSSARE

Puzzle 40

```
A Z Z A G A R A C T Y G C R R
A S E C S I D F R I I E S F D
A F Z C Z E T I M B V M T L K
I N T E R E S S E R S I B F G
S M E S A L I T A O M V L R L
C A D T E M P O S C N K U E O
O T I Z C A R B L C I H W V N
P R F L T Z S V Z O P R M N I
R I I V L O O T L O I C S M
I M C N A O E R A I F F O S A
R O I W L R P R U D E N T E C
E N O E J F I G R A N D I N E
L I E V I A C O R T L E F Y I
D O G A L L E G G I A N T E I
```

PRUDENTE
CIVILE
EDIFICIO
TIMBRO
INTERESSE
SALITA
TEMPO
SCOPRIRE
SCIOLTO
BROCCOLI

MATRIMONIO
DISCESA
CAMINO
VARIO
GRANDINE
FELTRO
RAGAZZA
GALLEGGIANTE
SOFFIARE
SECCA

Puzzle 41

```
P A V I M E N T O J D I N G O
L U G U A L I D N K A K O W R
S P E T T A C O L O T C D N T
G T R X E R O L A C T W O N S
L H I S W R H H R J O V Q D O
O J L T T E A L Y E R J C J M
S O A P W U P C Y K E D T Y L
S A S C H G X N O T I Z I E E
A S V U O T A R E I V R L U O
R L T W V T N N H U G T Q Z N
I D O M E N I C A X Y D Q O E
O I Y L A P P A R T E N E R E
C Y V A L U T A Z I O N E W E
M A L A T O O F F E N D E R E
```

SVUOTARE
PAVIMENTO
OGNI
MALATO
DOMENICA
SALIRE
GUERRA
GIOCARE
OFFENDERE
LEONE

ATTORE
NODO
MOSTRO
GLOSSARIO
UGUALI
CALORE
NOTIZIE
SPETTACOLO
APPARTENERE
VALUTAZIONE

Puzzle 42

```
I  D  A  P  A  R  W  D  V  W  T  A  N  R  U
M  I  Z  C  F  A  F  I  E  L  I  T  U  N  I
P  S  N  R  Q  Y  J  M  L  R  M  J  O  X  N
R  C  E  B  A  U  I  E  O  N  A  D  E  S  E
E  U  G  K  K  X  A  N  C  Q  G  V  U  O  G
S  T  R  O  K  I  Z  A  I  M  V  O  M  E  A
A  E  E  N  D  X  O  R  T  A  E  T  T  F  T
T  R  M  I  T  A  V  E  À  B  S  S  J  D  I
D  E  E  T  T  Y  R  K  H  Y  B  E  S  P  V
L  M  W  S  K  H  V  G  Z  R  P  R  W  S  O
M  O  C  O  M  I  T  A  T  O  R  R  O  P  E
H  L  U  P  S  H  L  A  B  B  R  O  G  N  J
R  N  O  L  L  A  V  A  C  A  N  Z  O  N  E
P  A  U  S  A  M  D  B  W  D  C  J  X  T  F
```

INUTILE	PORRO
RESTO	TEATRO
CANZONE	ACQUA
PAUSA	EMERGENZA
NEGATIVO	CAVALLO
VELOCITÀ	GRADO
RAPA	DISCUTERE
SEDANO	DIMENARE
POSTINO	LABBRO
IMPRESA	COMITATO

Puzzle 43

```
P E R D E R E C R O G K I B P
K N L D K O R O A P E N Q R R
V O Y A C L L L P N O A I O
U I W N N O P L K O I O M L D
D Z V N O O M O Z S T T M L U
E A S E T R I P C T O T E A R
P I Q P U C R S L O R E T R R
R V G F I Q W B S E I G T E E
I E N G A T N O M E T G E V M
M R S O G G E T T O F O R J A
E B L E N S W N A V E O E Q T
R B M E C C A N I C O Z R P I
E A H Y K M A N G I A R E P T
V P H O A Y R K V L Q T A T A
```

PERDERE
COLLO
OPPOSTO
MANGIARE
OGGETTO
MECCANICO
AMMETTERE
AIUTO
SOGGETTO
PROFESSIONALE

NAVE
MONTAGNE
MATITA
PRODURRE
ABBREVIAZIONE
PENNA
BRILLARE
COMPLETO
GENITORI
DEPRIMERE

Puzzle 44

```
M C P Y I L L E P A C C O T G
O T O U N B S M C S R O L U U
T R L L Y E N P E S I M V L I
O J I H P N G R R O N P Y I D
C Z W E U O E T A R G O C P A
I I A T M Q L O L T R R U A R
C I N I W P H K O I A T C N E
L K I L N T I S Z M Z A I O N
E D C M L E O R N E I M N H O
T N U D Q R T F E N A E A U I
T E C S O B W T P T R N R V L
A J J T R B C P O O E T E G I
F E S T E E T N A T S O C F M
X H X T O F M E R C A T O D O
```

FESTE
MOTOCICLETTA
COSTANTE
TULIPANO
COLPO
FEBBRE
ZAINETTO
MILIONE
CUCINARE
COMPORTAMENTO

BEN
GUIDARE
MERCATO
RINGRAZIARE
CUCINA
PENZOLARE
RIEMPIRE
ASSORTIMENTO
CAPELLI
NUOTO

Puzzle 45

```
E C H J Y A G T G L A N A Q O
N O P U G R E X C A R G T U Y
O N P O D O N I O N R B T A Z
R S K S L A T I L C I Y I L Y
M E O O W V Q X O I V E V C X
E C B I O X E A N O O Y O U T
P U G R M M N R I B S W K N S
O T Ò U P L O E E T N W X O M
S I A C H C I S V I A G G I O
I V D G N A Z A R A G Z B R R
T O X Q P K U T A N A N A S B
I S O T T O L S X F D G Y M M
V O T N E L O N N O S R C O E
O X R D I Q S N F B Z T K D M
```

ENORME   CONSECUTIVO
COLONI   ARRIVO
QUALCUNO   VIAGGIO
POLVERE   LANCIO
DONI   CURIOSO
SOLUZIONE   ATTIVO
MEMBRO   PUÒ
SONNOLENTO   POSITIVO
ANANAS   SOTTO
GARA   STASERA

Puzzle 46

```
M E R C O L E D Ì Q Z V M B E
I N S E G N A T O H O Z W I S
E R I N O C E R O N T E M S P
C I R C O L A R E H W D N O E
M O O E E T N E I Z O U Q N R
C D R E L A I C E P S S H T I
N R O E V U G X J N T E Z E M
U A E J C B A N E R A N E K E
M P B D G C P U Y L N S R L N
E O L T E X H I B W E O O L T
R E C E D R W I F S T P R A O
O L B C S O E S O T Q H R S H
S F Y L I N S T A B I L E E D
I G T E S I N A Z I O N E M X
```

QUOZIENTE
LEOPARDO
SENSO
INSEGNATO
NAZIONE
TESI
ARENA
SPECIALE
CIRCOLARE
RINOCERONTE

LEPRE
CREDERE
INSTABILE
MERCOLEDÌ
ORECCHIO
BISONTE
NUMEROSI
PAGINA
ERRORE
ESPERIMENTO

Puzzle 47

```
L  C  G  E  F  N  Z  G  W  G  A  V  I  L  I
H  M  O  T  X  A  D  I  V  E  R  S  O  E  G
W  A  M  N  E  U  G  N  A  S  E  W  R  Z  N
M  S  I  E  D  J  I  I  R  O  N  F  T  I  O
S  C  R  I  A  I  Z  S  O  D  C  A  L  O  R
I  H  P  D  E  M  V  N  A  L  J  E  A  N  A
N  I  M  E  R  R  Y  I  H  S  O  R  D  E  R
I  O  X  R  A  S  Z  W  D  S  I  E  P  E  E
S  H  S  G  T  Y  S  R  Z  I  B  T  F  U  T
T  A  T  N  U  S  E  R  P  H  N  S  C  C  R
R  D  S  I  I  N  O  I  Z  A  C  I  D  N  I
A  C  L  Z  F  E  R  A  T  N  E  S  E  R  P
T  J  F  L  I  L  U  M  A  C  A  S  V  Q  Z
O  D  J  L  R  R  O  S  P  O  Q  A  S  R  X
```

SANGUE
DIVERSO
LEZIONE
SINISTRA
FAGIOLO
MASCHIO
INGREDIENTE
RIFIUTARE
PRESUNTA
PRESENTARE

IGNORARE
NERA
CONDIVIDI
LUMACA
ROSPO
PRIMO
ALTRO
SIEPE
ASSISTERE
INDICAZIONI

Puzzle 48

```
I F O F V A C W G C X T B C O
M T A U L H O T T E P S A H T
P J J R A A N I H C C A M E T
A M F E X C F M O N T A G N A
R J N T E L I M U L D R Q R T
A N N T P A N N O L O C K I N
R D T O X C A N C R V X P F O
E O X G T V R E T H E F U I C
A C I R T T E L E V C V L U R
B G U A R D A R O B A W C T E
C P Y B O W A K I F T P I I A
I I X A D J T G S O L O N M R
L P Y D H F U E L V K L O S E
A R R A B B I A T O P O C S H
```

GUARDAROBA
CREARE
DOVE
VERO
SCOPO
ARRABBIATO
RIFIUTI
FURETTO
ASPETTO
IMPARARE

CONTATTO
CHE
PULCINO
CONFINARE
ELETTRICA
MACCHINA
MONTAGNA
COLONNA
UMILE
SOLO

Puzzle 49

```
X Q Y I E T N E M A T T A S E
J U Z K I S L W S Q X K N V A
A A D I G I R O G R E Y A V M
M L W C T L O T L E C S M V Z
O S V E D R K A X S O G I R F
R I W N L I R T O E N J T F M
E A F A P N A O S R O J T M D
J S E P E V C U G C M Z E W K
G I T R L I C V M I I N S I K
O B F W A A O S N T C A P F H
O Z G B N R L O E O O J V R Z
T U T T I E T P I A T T I O J
I M D F F W A T E S T C K W Q
L N U V O L O S O C A M O T S
```

SVUOTATO
AMORE
SCELTO
TEST
RIGIDA
ESATTAMENTE
ECONOMICO
SETTIMANA
STOMACO
PIATTI

CENA
TUTTI
RACCOLTA
QUALSIASI
ESERCITO
NUVOLOSO
FRIGO
AREA
FINALE
RINVIARE

Puzzle 50

```
C H I A M A T O L S E L G M N
F T L V W N G O O C D W Q U S
E A A A H N V C T H U J S C B
L T P X À Y E N T T C W V O K
H S P P T O S S A T A T E M R
N U A I E P A W S G T O D P C
H I Z L I N J Y A U O T E I E
P G M C R O D K T E N X S T L
W I J Z A L D E L U V O E O L
M H A D V T Q V R G N D X B U
B R K N A R E T T E L H Z V L
S O D O T E M A F F I T T O A
C S M X F E R A P U C C O B I
C G J R L O T T O T I R A M J
```

GIUSTA
OLTRE
CELLULA
AFFITTO
LOTTA
LOTTO
SVEDESE
VARIETÀ
MARITO
METODO

CHIAMATO
APPENDERE
COMPITO
LETTERA
OCCUPARE
CLIP
EDUCATO
PIANTE
NESSUNO
ZAPPA

Puzzle 51

```
A Q H E S I E R G R I S T G M
W E Q R A A C I Q O A O I U A
P A R L A R E C Q D C N P F N
C T H S C L E O S E P C A O D
G A I B B A S R V O A H I I R
I C L N P F E D C A N T O A I
A I F C À T L A E R X I I D A
R L J D O I X R F O R B I C I
D E G E I L O E R E D N E R P
I D S G C R A Y X Z W B A M P
N W Z N C D S R S A P E V A O
O V D C A I L G E V V V W T F
Z M T M R Y G U A R D A N D O
V W H P B P R O F E S S O R E
```

PRENDERE	GUFO
PROFESSORE	MANDRIA
RANA	REALTÀ
DELICATA	CALCOLARE
VEGLIA	RICORDARE
SAPEVA	PARLARE
GOCCIA	GIARDINO
PESO	CANTO
BRACCIO	GUARDANDO
SABBIA	FORBICI

Puzzle 52

```
A R T I C O L I A Q E Q A P Z
C G U O D K N D O Q R O U O K
R O Z D X L H U T T A L T L M
R J C V C T M N T R D L O V A
P R O V O C A Z I O N E M E O
I O N P V V D B L V A C O R C
L C G P A Z A I F I M C B O Q
I I E T Z C S P N X I U I S G
C F S O T N E M O G R A L O A
I I S T I M A B C R F G E J T
F C A C A L Z I N I E F T F T
F A X O L A N U G I N O S O I
I P E I S D Y L O D I O K X N
D A L P W S C E G L I E R E O
```

SEGNO   CIAO
GATTINO   VAPORE
ARGOMENTO   DIFFICILI
PROVOCAZIONE   UCCELLO
AUTOMOBILE   POLVEROSO
CONFLITTO   SCEGLIERE
PACIFICO   CALZINI
LANUGINOSO   STIMA
ARTICOLI   ODIO
CAPO   RIMANDARE

Puzzle 53

```
E  T  R  A  D  I  Z  I  O  N  A  L  E  U  P
P  E  R  O  L  A  V  X  N  C  S  B  J  N  I
T  K  T  O  A  V  A  K  L  H  E  U  R  I  A
K  S  O  T  C  O  N  C  E  P  I  R  E  T  N
P  A  A  I  L  N  Z  Z  R  R  T  H  R  À  E
K  B  E  C  T  J  K  F  I  O  T  V  I  E  T
U  A  O  S  C  M  L  K  L  U  A  O  C  Y  I
T  K  H  U  P  Q  Y  D  U  G  L  L  U  C  G
N  E  Q  I  W  L  K  D  P  D  A  T  C  J  O
C  O  N  R  B  T  O  E  S  U  M  O  Z  A  J
P  Q  V  D  M  F  R  R  G  A  B  B  I  A  G
G  O  X  E  A  D  F  G  A  D  R  O  C  I  R
N  D  S  I  S  D  Z  I  O  R  G  E  L  L  A
P  A  S  S  A  T  O  D  Q  D  E  T  I  E  B
```

BASKET

TRADIZIONALE

TENDA

VALORE

UNITÀ

MALATTIE

PASSATO

GABBIA

CONCEPIRE

NOVE

CUCIRE

RIUSCITO

RICORDA

ESPLORARE

ZIO

VOLTO

PIANETI

MUSEO

ALLEGRO

PULIRE

Puzzle 54

```
C X Q C R E G A N A M N G T G
Y O T I D M H L C N F T O J F
A X M V E L A T N E D I C C O
P M H U P D G E V C M R P R P
I G E G N J O Z Z I R T L A E
E D P N L I E Z U L P D D Y R
T U A Y T C C A N A X E H Q S
R E Y D S O I A O S B H R P O
A O T T A R T I R D D C T Ò N
J G A O E P R R F E X L O O A
B A N C A O E N A T N A T S I
B I T E R A V O R P G U B Z B
D E C I D O N O J M Q Q J O V
I N T E L L I G E N T E N Q N
```

AMENTO
RITRATTO
DITO
PERSONA
ISTANTANEO
OCCIDENTALE
SALICE
MANAGER
DECIDONO
PROVARE

PERÒ
APE
QUALCHE
VERTICE
COMUNICARE
INTELLIGENTE
ALTRI
BANCA
PIETRA
ALTEZZA

Puzzle 55

```
O  K  I  C  L  C  E  R  E  D  N  A  P  S  E
N  K  S  T  A  C  C  H  I  N  O  U  A  C  S
I  P  O  C  E  T  T  U  W  I  S  A  O  A  E
T  W  L  E  R  I  U  R  T  S  O  C  B  T  R
S  R  A  L  L  O  P  I  C  R  R  L  A  T  C
E  C  I  I  N  C  A  N  T  E  S  I  M  O  I
C  O  U  A  R  U  T  A  N  T  P  O  M  D  Z
X  N  J  S  N  Y  Q  F  Q  T  L  T  A  N  I
M  I  V  A  E  G  I  H  U  E  U  T  R  O  O
L  U  C  E  T  W  O  D  N  M  V  E  G  C  P
W  C  E  H  I  A  D  L  G  R  I  N  O  M  I
Z  C  H  M  P  X  Q  C  O  E  A  U  R  W  G
E  A  J  G  S  P  Z  F  C  P  L  T  P  E  R
T  T  P  J  O  Q  U  B  V  L  E  O  Y  Y  O
```

CIPOLLA	TRIANGOLO
PLUVIALE	PIGRO
OSPITE	COSTRUIRE
PERMETTERSI	ISOLA
TACCHINO	ESERCIZIO
OTTENUTO	TACCUINO
SCUSE	NATURA
CONDOTTA	LUCE
PROGRAMMA	INCANTESIMO
CESTINO	ESPANDERE

Puzzle 56

```
Q V L E T N A R O T S I R B Q
T U H P A S T I N A C A I A O
I X A O I L G A T T E D S M I
P H O L O I C C U C J J P B G
I R G L I N O B F E X P E O G
C X L E E F M U H N V O T L A
O P O N R A I H Z I B K T A L
E R U N A I P C K M Y Y O O B
L F L E N G K U A I R E T A M
W W T P O R U D U R F H X L E
C I T T A D I N O C E H B L S
S O P R A V V I V E R E D E S
C C C A M P O H P M Z W A T A
T R A S F E R I M E N T O S T
```

BAMBOLA
CRIMINE
TRASFERIMENTO
RISPETTO
DURO
STELLA
ASSEMBLAGGIO
TIPICO
QUALIFICARE
ERANO

MATERIA
PIANURE
PENNELLO
CUCCIOLO
PASTINACA
DETTAGLIO
SOPRAVVIVERE
CAMPO
RISTORANTE
CITTADINO

Puzzle 57

```
Z R O C L A G U Q W S G Y R I
J U W K O R T N E C V E W D N
Q B E W C R E R A T I V N I T
F A A H I P O J I C L M O P R
A R A Z F V N N V I U H T P A
T E Z R A B O R A R P O S O T
T Q O H R U X O Q E P N E M T
E Q R M G C R I B A O O I O E
C O R T E S I N G O L A H D N
R I Z G N R W R Y R D C C O E
E H F Y I V P V B C W O I R R
T X M A R X B U H L R N R O E
N K E R A N G E S N I U L W R
I L K X M Q U A N T I T À S Y
```

MARINE
GRAFICO
INSEGNARE
CORTE
CENTRO
SINGOLA
ROBA
CON
LUI
INTERCETTA

INVITARE
SOPRA
POMODORO
RICHIESTO
SUPREMO
QUANTITÀ
SVILUPPO
CORONA
INTRATTENERE
RUBARE

Puzzle 58

```
S D E C O N O M I A T P B R J
O X E R E V O U M I R N A I P
N O T N E M I T R E V V A U M
N L T L O N A S W L P I T T F
O N A M A M U W P A I B A I A
T Z L Q K V I U W R A G N L G
T I R A T A O N T U T R N I I
B L U S D R V R A M T E U Z A
B X Y H C I I N E T O L A Z N
F Q C O U N G G P T O A L A O
Q I Z C R G O T X A T R E B X
G N O K V H R O X T Z O E I Q
P A H R G I E X L Z S M X L R
Z J R H I O T E O R I A G E M
```

DENOMINATORE
MANO
VIGORE
LAVORETTO
TEORIA
MORALE
SHOCK
MURALE
PIATTO
ANNUALE

ECONOMIA
RIMUOVERE
SONNO
LATTE
FIORI
TIRATA
AVVERTIMENTO
FAGIANO
RIUTILIZZABILE
RINGHIO

Puzzle 59

```
P A C C U S A R E L L O C P I
P R R W M P R A T I C O O R D
V E E O E A D S O B W F I E E
I E C C A Z N A C N A M N F N
S R O I I U E T N O F Q V E T
I A L D J S O A E Z Y R O R I
T Z E E F E I X O N R U L I F
A Z V M Z M H O T N E H T T I
S I T X G O C L N E X R O O C
W L S P F T N L O E D G E B A
B A I J M I A O M I F C D U R
B E L T F V R P A I M M U M E
K R H R T A G R R C A R I B Ù
F O X U S A I W T K F L K E A
```

VELOCE
MEDICO
GRANCHIO
PRECISIONE
PREFERITO
POLLO
COINVOLTO
PRATICO
FONTE
MANCANZA

SLITTA
REALIZZARE
VISITA
TRAMONTO
ACCUSARE
MANTENERE
CARIBÙ
EMOTIVA
IDENTIFICARE
MUMMIA

Puzzle 60

```
C G P F L E M B R E A T F A U
O D R O C R L E L P B E L T V
N E I C S O W L N G G R O T O
N I N G Q L Y Y I S R R T I V
E N C O J O H D M T O A U V I
S V I N I C I A V V T L D I T
S I P I L Z W M O M R I A T A
I S A L Q T U L B X S D C À T
O I L U R T L C Q K Z H K A N
N B I M M M J P E C O Y O T E
E I O T N E M I T S E V N I T
E L I B I R R E T G E M K I W
X E T M C O N C O R R E N Z A
D O V R E B B E R E G O L A D
```

COYOTE
COLORE
TERRIBILE
CADUTO
TERRA
CONNESSIONE
MULINO
TENTATIVO
INVISIBILE
CONCORRENZA

BLU
PRINCIPALI
ESECUZIONE
MENSOLA
INVESTIMENTO
SCI
DOVREBBE
ATTIVITÀ
ELLITTICA
REGOLA

Puzzle 61

```
Y  L  C  F  S  C  U  L  T  U  R  A  V  E  M
R  A  A  I  S  A     B  J  R  T  R  D  C  A
I  U  V  N  U  P  L  B  M  A  Y  T  T  C  G
C  R  A  E  S  B  O  S  A  Y  G  A  S  I  G
E  E  L  S  P  A  M  S  I  S  C  N  E  T  I
V  A  L  T  A  R  T  O  A  C  S  A  R  A  O
E  T  E  R  R  E  V  T  W  T  C  O  E  T  R
R  O  T  A  A  M  Y  T  B  O  O  E  V  O  A
E  F  T  E  R  A  L  O  G  E  R  R  I  G  N
V  E  A  C  E  C  V  D  S  E  I  A  R  R  Z
E  D  J  V  I  O  A  O  O  B  P  S  C  A  A
N  E  K  S  B  T  S  R  R  O  Q  S  S  T  G
T  L  B  A  S  O  V  P  Z  Q  B  E  E  I  Q
O  E  G  R  O  F  Z  T  N  H  W  C  D  S  A
```

SPARARE
IRREGOLARE
CULTURA
FEDELE
RICEVERE
ECCITATO
FINESTRA
VENTO
BASSO
DESCRIVERE

LAUREATO
PRODOTTO
CESSARE
ANATRA
FOTOCAMERA
CAVALLETTA
SALSICCE
GRATIS
SPOSATO
MAGGIORANZA

Puzzle 62

```
R  F  F  E  I  O  T  A  G  E  I  P  M  I  P
U  O  R  R  O  C  S  Z  G  Y  M  K  M  Q  E
C  T  A  O  R  N  P  F  B  T  M  U  R  W  R
U  O  T  T  O  A  A  W  J  W  A  F  C  P  S
B  G  T  T  L  I  D  E  A  C  G  F  A  R  O
P  R  U  I  K  B  A  L  C  T  I  I  K  A  N
L  A  R  R  H  S  L  L  P  O  N  C  J  N  A
A  F  A  C  C  S  O  E  T  N  E  I  N  Z  L
T  I  R  S  Y  M  T  T  R  E  C  O  J  O  I
T  A  L  F  G  H  N  S  Z  R  Z  W  O  E  Z
O  L  B  H  I  H  E  Q  R  D  U  F  U  J  Z
W  F  A  A  J  J  P  Q  R  A  R  D  Y  F  A
P  E  R  S  O  N  A  L  E  P  W  J  I  H  T
N  R  W  T  V  A  P  N  F  F  A  F  L  R  O
```

IMPIEGATO	PERSONALE
RIDURRE	OCEANO
UFFICIO	PRANZO
FOTOGRAFIA	LORO
PERSONALIZZATO	IMMAGINE
PENTOLA	ATTO
OTTO	PADRE
STELLE	FRATTURA
SCRITTORE	SPADA
NIENTE	BIANCO

Puzzle 63

```
F  C  C  I  R  L  J  V  R  R  I  E  O  G  E
O  A  P  A  B  V  E  R  E  N  E  T  I  I  N
R  C  O  A  S  G  P  B  B  X  Q  N  G  O  E
M  C  R  U  Q  S  J  E  P  P  D  E  G  R  R
A  I  T  L  Z  V  E  Q  R  T  S  C  I  N  G
G  A  A  M  S  O  T  T  A  D  A  U  R  A  I
G  S  P  A  B  L  A  L  T  L  O  D  E  T  A
I  E  E  D  J  P  Z  I  Z  O  C  N  M  A  H
O  T  N  Z  E  E  N  U  M  O  C  O  O  J  H
Y  T  N  T  W  T  N  Y  E  O  O  C  P  R  F
L  E  E  C  I  J  T  A  V  E  T  F  G  M  S
B  Z  F  P  P  K  R  O  T  T  E  G  O  R  P
G  S  B  Q  R  A  M  E  R  I  C  A  N  A  K
I  K  P  R  O  C  E  D  E  R  E  V  S  P  M
```

CONDUCENTE
PERDONO
AMERICANA
TENERE
SETTE
CASSETTO
PORTAPENNE
GIORNATA
CACCIA
POMERIGGIO

TOCCO
ADATTO
ALBA
ENERGIA
PROGETTO
DETTO
VOLPE
COMUNE
PROCEDERE
FORMAGGIO

Puzzle 64

```
R W E R A R I P S E R E U Y K
P B A R C A S I G I L L O P R
A F C I A L E F I N Z I O N E
R B R O T N E M I U G E S N I
L P E R E V I V L L I F C M S
A A X B J T W M Z N N M P Q E
T N J M T M A L O I C C U L P
O C O N T I N U A N O I V W A
S O S T A N T I V O N N U U R
N A T U R A L E I V T S L P A
B A N D I E R A V U R E I Q T
C O M P L E A N N O A R X E O
E T N E M A R E N E T T J A U
R I S U L T A T O Z O O K S Z
```

NOMINARE
FINZIONE
SOSTANTIVO
SIGILLO
VIVERE
COMPLEANNO
NATURALE
RISULTATO
PAN
BANDIERA

INSEGUIMENTO
BARCA
SEPARATO
TENERAMENTE
PARLATO
INSERTO
LUCCIOLA
INCONTRATO
CONTINUA
RESPIRARE

Puzzle 65

```
I E B F E N B O T S A P G P X
R N P O H J S N R Z D O A I K
O O F C Q E S G A E R V M A F
U I M A Z R Z O T U A K B C H
F Z U O S O E S T E M Z A E A
S A I F H T C I A P O C O V O
C R K Y M A I B R O D O M O S
I E Q Z W R L D E I B M I L S
N T R N F O E O I C C B N M E
T N C F P V F I H R P I I E R
I I W E N A D G O A E N M N V
L G F T R L R G P M V A O T A
L A D K R T Q A Y G U R N E R
A F T R E F O M U F Q E X H E
```

PASTO   INTERAZIONE
FUMO   INFASTIDIRE
LAVORATORE   OSSERVARE
GAMBA   SCINTILLA
PIACEVOLMENTE   CERTO
MODO   MINIMO
MAGGIO   MARCIO
COMBINARE   TRATTARE
FUORI   BISOGNO
RAMO   FELICE

Puzzle 66

```
R D F V E K R W S N K V V G F
I O Y Q O E F D E C Z N X V T
P Y R Q G R A I C S I R T S B
A Y P G H I A N D E S V O B A
R L Z M C T M A U B S E O U P
A V B S D N E H S B P E R L L
Z I I K Q E N U D I C Q A E O
I S A G J S I C G T A Q O P C
O T L L G N C D O T T O R E C
N A G F T O T I T S E V U O U
E A Z L A C M O N E D I G Y O
E F F E T T O U T V O R N I R
G E O G R A F I A O I G A Q E
G U G P E T T I N E M K C K T
```

GEOGRAFIA	ESSERE
EFFETTO	CONSENTIRE
COLPA	STRISCIA
SCIVOLO	PETTINE
GHIANDE	CANGURO
VISTA	VESTITO
DOTTORE	SUD
RIPARAZIONE	CALZA
OVEST	PAESE
CINEMA	CUORE

Puzzle 67

```
O C C A A V E N E R D Ì S C T
P U B B L I C A Z I O N E A W
L E V I D E N Z A L L U C N N
A K N L L A B E S A B Q E O C
Z N U V A Q G E T N E S E R P
S P I E G A R E N S L X M T M
N Q O R S N U L P V A U O L N
S C O I A T T O L O E G C O U
O K A Y W F J Z S Q T N G P Y
R A G A Z Z I Z F U V V U I S
R A G N O N R E T S E K V T O
E T N A T R O P M I A E B H O
P R O B A B I L M E N T E R F
S C I O G L I E R E O N E L F
```

SPIEGARE
PEZZO
FARINA
OKAY
RAGNO
PRESENTE
ESTERNO
SAGGIO
PUBBLICAZIONE
SCIOGLIERE

VENERDÌ
IMPORTANTE
BASEBALL
EVIDENZA
BENVENUTO
SCOIATTOLO
RAGAZZI
PROBABILMENTE
CULLA
POLTRONA

Puzzle 68

```
T K O Q C B G O X D W S B S P
H I W M J A I C R R N E A E R
O W M K Q À T I V A R G G L O
C D U I I B N T B Z C U L E N
K S B M D J E A U C J I I Z U
E J B S L O P R J R O R O I N
Y Z U P V C R C O W A E R O C
O T S O C C E O R U S R E N I
P E R S O A S M N C F I E A A
V R V E G T W E L I C A F R H
M A J R O T O D J F K U U E N
D M H P Y A M I N O R A N Z A
F A A L T I T U D I N E E I K
B A L E N A M E L B O R P V O
```

ATTACCO
SEGUIRE
TIMIDO
DEMOCRATICO
PRONUNCIA
COSTO
PROBLEMA
GRAVITÀ
HOCKEY
MINORANZA

FACILE
SELEZIONARE
SERPENTI
CATTURARE
BAGLIORE
PRESO
BALENA
PERSO
AMARE
ALTITUDINE

Puzzle 69

```
A  I  B  F  K  H  T  O  G  N  Q  V  I  H  A
J  F  C  A  W  G  L  C  Z  E  G  L  O  B  O
G  J  B  W  I  S  S  C  B  I  L  F  I  L  M
N  E  V  I  S  T  O  U  F  O  P  O  C  N  J
A  N  N  G  K  S  V  P  R  X  O  L  A  A  R
S  O  R  E  O  O  T  A  R  T  S  O  M  P  C
C  I  F  E  R  E  T  T  A  R  A  C  P  E  M
I  S  G  F  E  A  U  O  L  U  N  A  A  S  U
T  S  K  A  T  R  Z  C  M  T  W  C  N  S  R
A  I  J  T  S  D  R  I  C  H  E  X  U  I  A
S  M  O  T  I  A  R  F  O  E  K  G  L  M  G
U  S  O  O  M  U  T  U  Q  N  L  D  A  O  A
V  J  E  R  E  Q  I  X  O  I  E  L  J  F  N
F  M  G  E  V  S  G  O  M  M  A  X  I  T  O
```

PESSIMO	FATTORE
MISSIONE	GOMMA
SQUADRA	CARATTERE
GENERAZIONE	UCCELLI
GLOBO	USO
VISTO	NASCITA
URAGANO	MISTERO
GELO	LUNA
CAMPANULA	FILM
OCCUPATO	MOSTRATO

Puzzle 70

```
B  I  N  T  E  R  N  A  Z  I  O  N  A  L  E
O  A  G  E  I  P  F  O  S  S  O  V  O  U  N
R  A  G  M  I  L  L  E  P  I  E  D  I  T  M
S  L  B  N  B  N  N  N  F  W  U  M  X  Z  P
A  U  J  B  A  L  T  R  P  Z  Y  U  X  N  Z
C  A  F  U  A  T  D  A  G  O  I  M  E  R  P
C  D  V  J  T  I  O  C  I  T  N  A  I  D  Q
H  C  Z  E  E  N  A  R  P  A  D  B  A  S  V
I  U  I  T  E  X  E  R  Q  Z  O  S  R  O  M
O  G  L  R  D  K  Y  M  E  I  S  T  H  Z  H
T  K  G  C  C  B  L  T  P  E  S  V  Z  Z  K
T  G  O  B  H  A  I  T  X  N  A  V  E  A  K
O  A  Y  F  O  R  T  E  J  D  R  Y  E  P  D
S  T  A  N  Z  A  H  E  S  A  E  R  G  I  T
```

AZIENDA	FOSSO
PREMIO	ORSACCHIOTTO
MILLEPIEDI	INDOSSARE
MORSO	ANTICO
PAZZO	AULA
BAGNATO	INTERNAZIONALE
STANZA	CARNE
FORTE	ABBAIARE
PIEGA	TIGRE
CIRCA	NUOVO

Puzzle 71

```
L  S  W  P  X  W  E  J  N  E  D  B  O  E  P
I  R  Q  R  P  B  G  U  E  R  Y  P  M  C  F
M  M  I  E  Q  Y  D  O  L  T  A  Y  A  C  I
I  P  B  O  E  R  E  A  L  I  N  S  T  E  S
T  M  O  C  R  Z  R  Z  A  W  A  O  O  L  T
E  I  C  C  S  S  Y  I  B  F  I  F  P  L  O
Q  G  C  U  P  E  T  F  Y  D  T  S  O  E  C
D  L  A  P  U  A  Q  C  E  R  A  K  P  R  K
A  I  L  A  G  A  N  G  U  R  P  T  P  E  M
V  O  E  T  N  I  G  Z  S  Q  O  I  I  G  A
V  N  U  O  A  R  M  H  Y  Z  P  C  K  G  P
E  G  X  E  R  E  M  I  R  P  S  E  E  R  P
R  E  F  Q  X  S  L  D  H  T  N  J  H  Z  A
O  L  S  T  R  U  M  E  N  T  O  O  X  H  B
```

ESPRIMERE	AEREO
STRUMENTO	LIMITE
BOCCALE	SPUGNA
SERIA	NELLA
PRUGNA	FEROCE
PREOCCUPATO	ECCELLERE
IPPOPOTAMO	MAPPA
LEGNO	MIGLIO
DAVVERO	DATI
PONTE	STOCK

Puzzle 72

```
C  L  O  V  U  D  I  W  T  D  J  O  B  F  S
J  A  G  Q  R  A  G  A  Z  Z  O  Y  E  U  P
O  G  N  Q  C  Q  X  T  I  M  L  C  L  R  E
F  U  R  D  R  S  O  N  E  F  O  O  L  I  S
E  R  G  L  E  A  J  I  N  E  T  M  A  O  A
M  A  N  G  B  L  G  F  O  L  I  M  D  S  R
M  T  Y  C  I  O  A  G  L  C  P  E  M  O  O
I  R  A  J  Y  L  L  B  I  A  A  N  W  P  S
N  A  Z  J  M  O  S  H  U  U  C  T  U  Y  S
A  T  A  V  V  I  S  O  Q  X  N  O  O  R  E
C  G  S  X  E  R  I  G  A  R  E  T  N  I  M
C  R  O  C  E  T  C  L  K  Z  V  H  O  I  R
V  M  C  G  Q  E  N  T  N  K  I  D  T  H  E
T  A  Z  Z  A  C  M  F  J  W  K  V  B  N  P
```

COMMENTO
SPESA
AQUILONE
CETRIOLO
CANDELA
INTERAGIRE
PERMESSO
CAPITOLO
AVVISO
RAGGIUNTO

BELLA
TAZZA
CROCE
FURIOSO
ORE
COSA
TARTARUGA
FINTA
RAGAZZO
FEMMINA

Puzzle 73

```
V  I  E  N  E  X  T  P  A  R  C  O  Q  Z  I
I  M  G  H  E  N  O  I  Z  I  B  M  A  I  M
A  C  Q  U  I  S  T  O  P  B  N  J  U  R  M
A  G  F  K  O  M  F  C  R  O  A  G  W  M  E
N  T  S  V  I  N  O  A  O  Q  D  L  T  I  D
A  R  T  K  G  K  G  L  M  S  J  S  L  X  I
R  V  B  R  G  Q  L  Z  P  C  T  O  Q  O  A
R  D  A  U  A  Q  I  I  E  A  A  L  P  V  T
A  V  L  I  T  E  A  N  R  L  C  I  P  T  A
T  P  C  S  N  X  N  O  E  A  O  T  I  D  M
O  D  K  M  A  H  U  T  G  M  N  A  G  Y  E
R  B  X  L  V  H  W  Q  E  E  D  R  N  G  N
E  M  A  N  T  E  L  L  O  L  O  I  U  M  T
C  O  N  T  E  N  E  R  E  Q  R  O  A  X  E
```

SCALA	TIPO
SOLITARIO	ROMPERE
PARCO	MIX
VIENE	NARRATORE
ACQUISTO	BALLO
VANTAGGIO	TRA
AMBIZIONE	IMMEDIATAMENTE
ATTRAENTE	CONDOR
CONTENERE	CALZINO
FOGLIA	MANTELLO

Puzzle 74

```
T F T R A S M I S S I O N E P
J K E A C Z O P B K N C R T A
S G U I C A L O I V E O O U L
S E N Z A C L B G Q V M Q L L
V V C O M T E A O H E E D A O
X D B H Q M I T M C I N W S N
C A N N E L L A T A C W Q D C
R E S I D E N T I A R A E D I
A S P E T T A R S I N O W Y N
K R G O P A U R A K O O E G I
I N C L U D E R E R E P A S U
T H E M Q Q W F O R T U N A Q
D I R E T T O R E D I E T R O
W V R M Z C B F X L U R J Z N
```

ASPETTARSI
SENZA
RESIDENTI
PAURA
ACCETTANO
VIOLA
IDEA
FORTUNA
DIETRO
TRASMISSIONE

SAPERE
DIRETTORE
INCLUDERE
CANNELLA
NEVE
COME
SALUTE
CALAMARO
PALLONCINI
BOCCA

Puzzle 75

```
B F A N T A S M A F R T K A J
I R C O N T R O L L A T O T E
E C U X J V B R D E Z R R T K
N B I C Ù U J R O F R X R U J
O E N O I S I V E L E T U A I
I G O T P A C P G Q I V B L N
S E T A P F R A O O P I C M D
I H U V Z F U E M T K M R E I
V D T I B A O C V I E A R N R
I I I R I R U C I S O R U T I
D U T P E I C E I D T N E E Z
W A S E F G S K V V A Q T N Z
F C O I G O L O R O N O O R O
O D S I S T I T U Z I O N E B
```

SOSTITUTO
INDIRIZZO
ISTITUZIONE
TELEVISIONE
DIVISIONE
SICURI
DIECI
NATO
CAMION
CONTROLLATO

PIÙ
ATTUALMENTE
SET
PRIVATO
GIRAFFA
FANTASMA
BURRO
OROLOGIO
BRUCIARE
POTERE

Puzzle 76

```
U  Y  S  E  A  S  K  C  R  W  E  Z  C  M  C
E  X  L  N  W  N  T  D  A  P  Z  A  E  I  O
A  S  O  I  G  G  A  R  O  C  B  N  R  S  C
S  S  S  D  B  Y  K  O  A  U  T  Z  T  T  K
T  P  O  U  B  R  N  N  G  N  X  A  A  E  T
R  E  G  T  J  R  E  E  U  W  O  R  M  R  A
E  C  N  I  L  D  T  R  F  A  C  A  E  I  I
G  I  A  B  K  W  I  A  I  R  C  F  N  L  L
A  E  F  A  N  Y  V  S  L  A  U  R  T  T  E
T  A  M  B  U  R  O  S  T  G  R  E  E  R  L
A  U  T  U  N  N  O  A  K  J  T  S  B  N  N
G  L  I  V  N  U  E  B  L  S  K  C  U  U  R
T  F  F  T  E  U  A  B  E  B  N  O  R  N  N
H  T  Q  N  C  Q  C  A  O  V  D  Q  A  U  E
```

ABITUDINE
COCKTAIL
FUGA
AUTUNNO
VITE
LIBRERIA
TRUCCO
STRANO
ABBASSARE
CORAGGIOSA

STREGA
NORD
ZANZARA
NUBE
SPECIE
CERTAMENTE
MISTERI
FRESCO
TAMBURO
FANGOSO

Puzzle 77

```
R Q Z W L G P I A C E R E A C
A A Q K J O N R E V O G M E R
T P C F Z N S E D E R S I I A
T J E C E N D I S T U R B O V
E M I P O A Y T X M R Y C A
G A S W E G Q J X L Y I A A T
G S N E G Z L F T K M P T V T
I V C R S N E I C I M E N I A
A I R A F F A D E H Y T A T A
M C C R F F N E P R R E T À O
E I Q T S F E I O E E R T B W
N N S N E Z È P A L B E O G N
T O L E S P O R T A Z I O N E
O P R E C E D E N T E C J Y S
```

RIPETERE	NEMICI
GOVERNO	CAFFÈ
ATTEGGIAMENTO	RACCOGLIERE
CAVITÀ	ENTRARE
ESPORTAZIONE	PRECEDENTE
PEPE	VICINO
PIEDI	AFFARI
GONNA	CRAVATTA
SEDERSI	PIACERE
DISTURBO	OTTANTA

Puzzle 78

```
R  S  P  X  M  W  A  C  C  A  D  E  R  E  M
C  G  V  O  N  G  E  R  V  T  A  T  S  I  O
J  O  B  Z  V  I  S  U  B  U  N  N  E  E  L
Z  T  N  F  Q  E  A  P  W  D  D  E  M  G  T
B  A  M  T  Z  F  R  C  Q  E  A  G  B  V  I
C  I  H  Y  R  P  F  T  V  S  T  A  R  I  P
O  O  C  Q  Q  O  K  O  À  C  O  T  A  N  L
N  N  J  C  J  W  L  O  B  T  P  F  V  O  I
T  N  M  B  H  T  V  L  H  V  L  I  A  P  C
E  A  T  I  X  I  K  O  A  F  Y  H  T  I  A
N  N  E  T  T  I  E  U  P  R  O  W  T  E  R
T  O  L  I  Y  F  Y  R  L  Q  E  W  U  D  E
O  O  I  T  N  A  N  G  E  S  N  I  D  E  R
E  S  A  M  I  N  A  R  E  L  A  T  A  F  H
```

SEDUTA

ANNOIATO

ESAMINARE

VINO

RUOLO

MOLTIPLICARE

SEMBRAVA

INSEGNANTI

CONTENTO

PIEDE

CONTROLLARE

FRASE

AGENTE

ANDATO

POVERTÀ

NETTI

FATALE

BICCHIERE

ACCADERE

REGNO

Puzzle 79

```
G E N T I L U O M O V P M P I
S I M I L I J S X D H A I O N
A E D U C A Z I O N E R N R F
C K P F H M H I I A E T A Z O
U O A A V R U C D D D I C I R
D S R G R K O S A N M C C O M
R R W R N O R A M A Y E I N A
T E B W E E L L R O G L A E Z
Y V L V O T L A A F T L P S I
I N C M N S T L M A C A O I O
V E N D O N O O O S F X H T N
R E S P O N S A B I L I T À I
M E R A V I G L I A I O Q W P
R A D I S E G N A R E V M E G
```

CURVA
GENTILUOMO
VENDONO
DISEGNARE
RESPONSABILITÀ
CORRETTO
MINACCIA
PORZIONE
ARMADIO
NASO

VERSO
AGNELLO
INFORMAZIONI
MAI
ANDANDO
MERAVIGLIA
SIMILI
PARTICELLA
PAROLA
EDUCAZIONE

Puzzle 80

```
W M A G C W B F A W R L Z D A
R O L I S O R E D I S E D E B
I D T O M I M N S T G C T L B
A E E W H C E O T T K C Y U O
S R R F E L Z I R E I I F S N
S N N O Z A W S A J L A U O D
U O A R M C F S V W I T M R A
M A T M V E E U E E B N P E N
E K I U E K D C R N I U I P T
R S V L T Y A S E O S P S U E
E Q A A À À T I C C I S E C K
F N I F T N E D T L V L L E E
A C C O M P A G N A R E L R E
S G I R J F A R C B S G O B G
```

AVERE
PUNTA
RIASSUMERE
DESIDEROSI
PISELLO
VISIBILI
SICCITÀ
DELUSO
RECUPERO
FORMULA

ETÀ
MODERNO
BALCONE
ALTERNATIVA
BESTIAME
DISCUSSIONE
FASE
CALCIO
ABBONDANTE
ACCOMPAGNARE

Puzzle 81

```
K  C  A  V  A  L  I  E  R  E  K  I  O  T  P
D  E  P  L  T  J  À  M  A  T  T  I  N  A  R
Z  E  C  K  E  H  T  N  T  B  H  I  E  P  E
G  B  C  A  R  V  I  S  I  R  C  N  L  C  V
E  O  S  A  E  N  N  J  L  V  A  X  A  O  E
S  T  E  A  D  Z  U  R  L  G  F  F  M  U  D
T  T  N  N  N  E  T  N  E  D  I  C  N  I  E
I  I  T  G  O  E  R  O  T  I  N  E  G  I  R
R  G  I  U  F  K  O  E  I  Z  A  R  G  T  E
E  L  R  R  N  B  P  P  R  I  M  A  R  I  O
E  I  E  I  O  K  P  V  E  S  T  I  T  I  A
P  A  Q  A  C  F  O  R  E  B  L  A  I  O  B
D  O  L  O  R  O  S  A  M  E  N  T  E  J  O
A  P  P  U  N  T  I  T  A  I  L  G  A  T  V
```

PRIMARIO	BOTTIGLIA
ANGURIA	DECADERE
GRAZIE	VESTITI
CAVALIERE	ALBERO
TAGLIA	PREVEDERE
OPPORTUNITÀ	GESTIRE
DOLOROSAMENTE	CONFONDERE
MATTINA	INCIDENTE
CRISI	SENTIRE
APPUNTITA	GENITORE

Puzzle 82

```
X P M O Y B S O O S S E P S D
H F E C S Y T B C U F Q O Y D
A P R I C D A B I G H A K L W
B N I G U M B E L G D C L W Q
C U L A R E I D B E Z S M C H
P M L R O L L I B R O A X U O
U E O T S A I R U I H T H X Z
L R B U S O R E P R K T I L R
I A O S E W E Y O E A F Z R G
T T Y E R O P E R A Z I O N E
O O U K G S E G N A L E D H N
M R M U O I C I F E N E B O J
L E R I R A S S U M E R E Q Y
J O W R P M A C C H I A T O C
```

NUMERATORE   TRAGICO
FALCO   OPERAZIONE
MACCHIATO   SEGNALE
MELA   TASCA
PUBBLICO   STABILIRE
SUGGERIRE   BENEFICIO
ASSUMERE   OBBEDIRE
BOLLIRE   APRI
PROGRESSO   PULITO
SCURO   SPESSO

Puzzle 83

```
P V D X O R C U L O V N I I P
O D X E L P O U S Z M X T N R
S I V T E O N A T N O L N T E
I C C N I R T O E A D I A O P
Z H A E C T R I W I T K V R A
I I P M C A O Y Q H N T A N R
O A I L Q P L Q U F S T V O A
N R R A N I L L A G F I E N R
E A E I D P O J L O O N R R E
X Z P C W N M G U E R G E O O
Q I F E E Q R P N U Z A D T S
S O H P N X X K Q D O N A I T
Q N P S E N H R U E J N C R I
L E A H K H U W E Q O O T X U
```

AVANTI
CADERE
SFORZO
PREPARARE
LONTANO
INVOLUCRO
INTORNO
SPECIALMENTE
RITORNO
CIELO

CONTROLLO
GALLINA
QUALUNQUE
PORTA
POSIZIONE
CAPIRE
DICHIARAZIONE
INTERO
SUO
INGANNO

Puzzle 84

```
D  N  C  O  M  P  L  E  T  A  M  E  N  T  E
I  L  O  I  L  G  I  N  O  C  S  S  V  T  Q
C  E  I  B  H  C  M  K  F  D  B  C  A  K  G
I  R  R  C  I  Z  Z  A  T  N  A  R  A  U  Q
A  A  A  U  W  L  L  E  R  A  R  U  S  I  M
M  N  T  R  O  Y  E  T  D  T  N  C  K  D  M
O  I  E  A  W  Z  L  R  J  Q  E  M  S  V  C
S  T  R  A  N  I  E  R  O  U  C  L  I  H  S
K  T  G  P  R  V  A  W  S  N  N  I  L  P  T
D  A  E  S  O  L  D  A  T  O  I  Z  Z  O  R
L  P  S  Q  M  Y  P  H  R  F  L  M  E  Q  N
N  U  T  R  I  E  N  T  I  T  E  N  N  I  S
L  A  R  G  H  E  Z  Z  A  F  R  R  L  N  S
S  P  I  N  G  E  R  E  A  G  I  T  A  R  E
```

DICIAMO	SEGRETARIO
MINORE	AGITARE
MARTELLO	ROZZI
LINCE	CURA
NUTRIENTI	TENNIS
PATTINARE	COMPLETAMENTE
MISURARE	STRANIERO
QUARANTA	SOLDATO
LARGHEZZA	CONIGLIO
NOBILE	SPINGERE

Puzzle 85

```
X L M S A U R E G R U B M A H
C Z S T A B I L E J Y Y U L M
G U S T O F I D U C I A Z I H
S S P E N S I E R A T O N M R
C T C E R A C I F I L P M E S
O R T L L E R B A N N O N N T
O E F A U A L O S L S I B T Q
T N N U C R S W C V S O O A U
E O E T N E M L A N I F A Z E
R T I T H H W F L M O B N I S
I C F A N R O P E I I L C O T
Z C E R V O X H H L B R L N I
H G B Y U K E R I U G E S E T
C O N C E N T R A T O N X T L
```

TRENO
SCALE
ALIMENTAZIONE
ATTUALE
NONNA
STABILE
GUSTO
RIMA
ESEGUIRE
SEMPLIFICARE

SPENSIERATO
FIDUCIA
CONCENTRATO
ERBA
HAMBURGER
SCOOTER
CERVO
SALE
QUESTI
FINALMENTE

Puzzle 86

```
I  O  V  I  T  A  E  R  C  I  R  N  A  S  K
O  M  A  R  Q  R  H  U  K  H  G  I  U  P  L
L  T  P  N  V  K  A  T  E  N  O  M  T  O  A
P  P  N  R  S  A  B  N  J  U  X  R  O  S  N
Y  B  M  R  O  I  M  H  Q  Q  P  À  B  T  P
I  E  P  G  L  V  O  S  R  U  O  T  U  A  R
D  N  T  D  I  Z  V  S  N  C  I  I  S  R  I
E  E  Z  E  F  F  A  I  O  O  G  L  E  E  P
A  A  N  W  Y  D  L  A  S  U  G  I  L  T  O
L  B  R  U  C  I  A  T  O  O  E  B  Y  O  S
E  C  E  R  C  H  I  O  U  V  T  A  X  O  O
P  E  R  I  C  O  L  O  S  O  N  A  S  L  P
U  L  U  C  E  R  T  O  L  A  O  B  U  I  W
S  C  O  P  E  R  T  A  D  F  C  D  I  O  X
```

SCOPERTA	SPOSTARE
ABILITÀ	TRANQUILLO
BENE	RIPOSO
OLIO	IMPROVVISO
MONETA	LUCERTOLA
CONTEGGIO	SANO
CERCHIO	IDEALE
PERICOLOSO	AUTOBUS
ANSIOSO	FILO
RICREATIVO	BRUCIATO

Puzzle 87

```
M  M  M  U  E  A  U  M  E  N  T  O  A  P  E
P  Y  I  A  Q  D  R  O  L  O  C  I  R  E  P
A  O  S  U  P  R  J  R  A  T  A  J  T  R  B
T  A  E  C  O  A  S  T  T  B  R  Y  W  I  O
T  P  R  M  S  U  C  N  N  H  E  H  U  M  R
I  A  A  G  S  G  R  O  E  R  I  R  C  E  S
N  G  B  I  I  N  I  C  M  E  R  V  E  T  A
A  A  I  I  B  I  V  S  A  G  R  F  O  R  F
G  D  L  R  I  R  A  A  D  A  A  E  N  A  C
G  I  E  U  L  K  N  W  N  L  C  Z  E  L  A
I  C  E  G  E  V  I  Z  O  O  S  C  O  I  L
O  U  B  H  R  H  A  V  F  L  U  N  A  R  E
F  L  F  E  G  R  O  T  T  A  Z  Y  X  V  L
E  I  I  I  F  F  O  R  T  U  N  A  T  O  D
```

CARRIERA
GUARDA
SCRIVANIA
LUCIDA
FORTUNATO
PERIMETRALI
BERE
LUNARE
SCONTRO
BORSA

RUGHE
PATTINAGGIO
FONDAMENTALE
GROTTA
PAGA
MISERABILE
REGALO
POSSIBILE
PERICOLO
AUMENTO

Puzzle 88

```
V A C R S H V D E V E A D C M
Q I C L I H F E I M P A T T O
E R S H E C A C I T E L T A G
L E G A T O E M Z E N Z E R O
W S H U F B K R P X U D G L X
O I C R E M M O C O L O G N A
W M E S P E R T O A O N N A L
P R E O C C U P A Z I O N E I
D I M E N T I C A R E E Z L M
S D B D E N T R O P C F R T O
C O N V I N C E R E E R O X N
Q Y C J A Y O Y S W N L Q A A
S O D D I S F A T T I W L Y T
T R A B A L L A N T E F Z E A
```

ANGOLO
DIMENTICARE
DENTRO
PREOCCUPAZIONE
ZENZERO
ESPERTO
LEGATO
LIMONATA
CONVINCERE
MISERIA

RICERCA
SHAMPOO
ANNO
ATLETICA
PELLE
COMMERCIO
SODDISFATTI
IMPATTO
TRABALLANTE
DEVE

Puzzle 89

```
T  U  S  T  D  A  F  K  Y  A  M  M  L  C  S
R  U  T  U  Z  O  L  L  E  C  N  A  C  O  E
I  R  P  T  C  W  M  S  U  O  Z  N  J  N  N
S  T  F  T  P  E  T  N  E  I  Z  A  P  T  S
T  Q  U  O  I  A  I  C  C  A  D  D  F  R  A
E  L  Y  N  S  P  A  L  L  A  I  O  U  I  Z
E  R  A  C  I  L  P  P  A  N  O  J  N  B  I
F  R  D  S  I  M  A  H  O  Q  I  S  G  U  O
C  O  M  M  E  S  T  I  B  I  L  E  O  I  N
A  G  G  R  O  V  I  G  L  I  A  T  O  R  E
S  G  R  O  R  B  I  T  A  L  A  T  I  E  U
X  B  F  A  M  I  L  I  A  R  E  R  T  C  O
U  I  N  V  I  T  O  K  G  I  Y  L  U  O  U
O  O  D  Y  P  I  S  T  O  L  A  F  J  V  U
```

AGGROVIGLIATO
MINUTI
COMMESTIBILE
FUNGO
ACCIAIO
ORBITA
FLUIDO
VOCE
PISTOLA
CANCELLO

SENSAZIONE
TUTTO
LATI
INVITO
SPALLA
APPLICARE
CONTRIBUIRE
FAMILIARE
TRISTE
PAZIENTE

Puzzle 90

```
I  Y  X  O  B  X  C  A  R  O  S  O  M  A  F
E  S  E  C  U  T  I  V  O  Q  V  F  M  P  T
Q  O  T  I  R  U  A  P  M  I  U  B  Z  S  B
M  E  S  S  A  G  G  I  O  B  X  I  P  Q  D
P  L  L  S  R  P  O  L  L  I  C  I  N  L  C
E  A  S  O  E  X  F  O  N  T  A  N  A  D  G
S  M  T  R  S  J  I  Y  T  X  S  M  U  W  I
A  I  E  I  M  S  U  I  D  A  E  C  Q  V  S
N  C  S  T  L  O  N  I  T  S  I  R  P  I  R
T  E  S  T  Q  B  C  C  X  L  H  L  O  I  N
E  D  O  E  S  Z  H  W  W  W  C  A  G  H  S
O  W  H  P  A  A  I  R  E  D  N  A  V  A  L
C  O  C  C  O  D  R  I  L  L  O  U  X  D  T
P  R  E  C  I  P  I  T  A  Z  I  O  N  I  J
```

FONTANA
QUINDI
IMPAURITO
CHIESA
COCCODRILLO
LAVANDERIA
STESSO
PESANTE
DECIMALE
CARO

MESSAGGIO
PRECIPITAZIONI
POLLICI
ESECUTIVO
FAMOSO
TAGLIATO
SERA
PETTIROSSI
SOLE
RIPRISTINO

Puzzle 91

```
V O D R O C C A C E E A K T U
L U L E X F O L E Y X M L Y N
W H O O H M T P A J G C D D R
Q V O T E C S E P S U C O F E
F U N E O F E U C I S L I F G
Z T E V N B T D Z S A E L R I
U E L B U O N N Q B T P O E N
E R A D N A M O C C A R C T A
J E B L J O X S R E T Q A T R
Q I O V I R K Z S V A B L O O
C Y C U B U N I U O P B E L S
O N R S B A G L I A T O N O S
C A A D N E M E R T M B I S O
V C H I A M A R E R F T R O U
```

PATATA   TREMENDA
CLASSE   ARCOBALENO
FRETTOLOSO   ROSSO
RACCOMANDARE   LOCALE
COPPIA   VUOTO
TESTO   ACCORDO
FOCUS   SBAGLIATO
BUON   PESCE
CHIAMARE   REGINA
DUE   SONO

Puzzle 92

```
A V V E R S A R I O F P B M S
I C I R O S O I Z I L E D M O
A H O C O N S E R V A N H L B
B I A C Z O C C O L O N N C B
L A U E A L E T K D O Y E Q A
O V T E G C O N F R O N T A L
M E O H R X N P G M P X N A Z
B D R X W X F I P S R X E D A
R F I A N C O R A U B U V I T
E W Z F E R I R E J R F I Q O
L X Z F A R F A L L A G V J M
L V A R E C I N Z I O N E M J
O T R O P S A R T A Y K O U K
Z R E M A R G H E R I T A N M
```

BAIA
SOBBALZATO
ZOCCOLO
AUTORIZZARE
CHIAVE
GRUPPO
FERIRE
RECINZIONE
CONFRONTA
ANCORA

DELIZIOSO
VIVENTE
CONSERVA
AVVERSARIO
OMBRELLO
OCA
TRASPORTO
MARGHERITA
FARFALLA
PENNY

Puzzle 93

```
S O L E G G I A T O Y Y T V X
G I V A D E K P A S T E L L I
X K A C I F I N G I S G K C L
E Q C M M G I O C A T O R E T
R I A V V O L G E R E O V D Z
O G S W W D L I D E N T I T À
T N E D K N R I C C A F V G R
A U C Z J O T A I Z I N I U M
L I O U K F O R D I N A R I O
O G L O F O D O M I N A N T E
C G O V E R A T E I V Z I T A
L A L A J P P I V M L G L C F
A B B A S T A N Z A T A S I R
C K E S T A T E C Q W A K J W
```

MAIS
INIZIATO
RISATA
CALCOLATORE
AGGIUNGI
GIOCATORE
ABBASTANZA
SOLEGGIATO
IDENTITÀ
SIGNIFICA

ESTATE
SECOLO
PROFONDO
RICCA
VIETARE
UOVA
PASTELLI
ORDINARIO
DOMINANTE
RIAVVOLGERE

Puzzle 94

```
M P G Q T E R E D N E T S E G
E L I B A D I F F A N Q X A A
X X S U C R V T T C O U F S L
Y U Y L T A X P G R I A E S L
T K W J Y T M O D O Z L D O A
A R Q X R H O B V C U I E L Q
E N O M E N A S I O D T R U U
R T Z J T D R P T A O À A T E
E L E F A N T I R O R Y L O L
D M O R B I D O F O P E E Z L
A Z N A T S I D J S P Y T R I
V D E L F I N O O A V R A I Y
N R B P W S F T A C I T I R C
I R E S P O N S A B I L E O W
```

ASSOLUTO
DELFINO
GALLA
QUELLI
PRODUZIONE
CRITICA
PIUTTOSTO
FEDERALE
RESPONSABILE
AFFIDABILE

MORBIDO
ESTENDERE
CROCO
DISTANZA
ELEFANTI
INVADERE
ANEMONE
CAMBIARE
PROPRIO
QUALITÀ

Puzzle 95

```
J  M  P  D  C  K  V  T  V  T  D  F  P  F  S
M  A  T  E  E  K  E  E  I  O  V  W  W  E  I
W  G  P  O  R  N  D  S  N  N  Q  P  T  L  G
A  N  P  R  Q  C  T  O  T  F  O  B  R  A  N
I  I  O  S  E  N  H  I  O  O  T  U  A  I  I
G  F  V  O  O  Z  H  É  F  F  T  L  N  C  F
G  I  E  T  P  Z  Z  O  V  R  O  C  A  R  I
A  C  R  R  B  N  G  E  R  M  I  T  I  E  C
I  O  I  E  H  A  V  H  M  N  Z  C  D  M  A
P  E  W  S  Y  J  B  F  X  O  I  I  I  M  T
S  C  I  E  N  Z  I  A  T  O  L  I  R  O  I
S  T  U  D  E  N  T  I  H  Q  O  O  E  C  V
B  U  C  A  N  E  V  E  B  H  P  H  M  T  O
A  T  T  E  N  T  A  M  E  N  T  E  K  S  I
```

COMMERCIALE
VINTO
SIGNIFICATIVO
MAGNIFICO
CORVO
TESO
SCIENZIATO
ATTENTAMENTE
POLIZIOTTO
DENTIFRICIO

PREZZEMOLO
DESERTO
PERCHÉ
CLUB
STUDENTI
SPIAGGIA
TONFO
BUCANEVE
POVERI
MERIDIANA

Puzzle 96

```
P O L I T I C O U F U X A K X
F Z H G I I N P U T N O N N O
Z U C C H E R O O W Y L I D I
P R I M A V E R A T P U T I M
I S P E Z I O N A R E S A F P
T O P O R A G N O I H S L E R
I P X E C D S S Q K Q O E N O
N N X H F P Z A V E V A G D N
S P A N E A O P C N D N L E T
I O M R W P O G U O V P D R A
E R N A Q À W G G I H S P E O
M Z I B O K H W Z Z Y T R D U
E L J D R L I D J A N A A D J
C O N G R A T U L A R E Z Q Q
```

AVEVA
IMPRONTA
AZIONE
NONNO
INSIEME
INPUT
PANE
PAPÀ
GELATINA
CASA

ZUCCHERO
POLITICO
TOPORAGNO
DIFENDERE
PRIMAVERA
ISPEZIONARE
TOP
LUSSO
ZOO
CONGRATULARE

Puzzle 97

```
S Y Q E R O T A N E L L A S J
U E R E G G E T O R P S D T R
S E R V I R E D Z A W V B R A
F U N Z I O N E W S R Y W E R
E N O P M A L A J U K B I T G
R E C E N T E M E N T E M T E
I E L G B E S E N N U N P O N
R X R T Z R R R O A U O E V T
A A M A Z S O C I M R T G I O
P I G R G A F K G H G S N T D
P O T P R I O J A I H A O X C
A M I W M O V X R Y R B D Z J
E L E M E N T A R E E I W I B
P I C C O L A E N E H O S B E
```

ELEMENTARE   CREMA
PROTEGGERE   FORSE
ARGENTO   RECENTEMENTE
IMPEGNO   POI
APPARIRE   SERVIRE
LAMPONE   ANNUSARE
PICCOLA   IRIS
BASTONE   ALLENATORE
STRETTO   FUNZIONE
RAGIONE   NAVIGARE

Puzzle 98

```
A R A D I O G P R O S S I M O
F M V F P M E R D O L E N T E
B B I O T N E M A T T I L S H
V A O C I S I F Y P U Q W P V
E T T I H L U X Y H P K T R A
D S S T Y E N O T O C O V Y M
E I L F E W V K U O X S L X P
R T P Q P R K O P I L O J I I
E N C A E C E Q L O F T U E R
R E N T R A P J C E Z S R D O
O D P W A H A N N O N O L C G
S U F F I C I E N T E C O U O
C U L T U R A L E T V K N A C
Y R T V J A U T O M A T I C O
```

AUTOMATICO	FISICO
SUFFICIENTE	AMICHEVOLE
PARTNER	PERA
SLITTAMENTO	PROSSIMO
RADIO	VEDERE
DENTISTA	VAMPIRO
BATTERE	URLO
HANNO	COSTOSO
CULTURALE	COTONE
GRAPPOLI	DOLENTE

Puzzle 99

```
J  K  D  L  A  T  O  H  E  C  J  J  X  X  P
L  A  E  Y  N  K  O  S  R  O  C  S  I  D  A
I  U  N  O  C  J  T  A  A  M  T  N  S  A  P
C  T  T  L  B  W  N  G  N  P  D  N  L  N  P
E  S  I  S  S  I  I  X  I  L  I  H  E  I  A
N  T  P  A  B  C  T  V  M  E  S  R  N  C  G
Z  R  O  E  I  Q  S  W  M  S  P  I  O  S  A
I  E  J  X  R  R  E  C  A  S  E  S  I  I  L
A  I  L  U  A  A  O  T  C  O  R  O  S  P  L
M  L  U  O  G  O  N  N  E  D  A  R  R  X  O
E  A  Q  K  R  O  P  Z  E  N  T  S  E  L  D
N  V  P  Z  Q  Y  R  O  A  A  O  A  M  A  M
T  P  E  N  O  I  Z  A  R  U  S  I  M  V  X
O  D  Y  T  X  E  F  G  E  Q  H  Y  I  L  I
```

PAPPAGALLO   LATO
MISURAZIONE   AIRONE
ESTINTO   IMMERSIONE
LICENZIAMENTO   CENTO
PISCINA   RISORSA
SPERANZA   DISPERATO
COMPLESSO   LUOGO
DISCORSO   TRE
CAMMINARE   DENTI
GAS   QUANDO

Puzzle 100

```
J  E  U  Q  T  B  G  V  À  T  I  D  I  M  U
V  P  I  N  O  I  Z  A  T  S  E  R  P  F  U
B  A  H  U  G  W  O  S  E  R  P  M  O  C  L
R  H  E  Y  Q  C  T  T  I  L  D  N  T  V  T
Y  U  V  U  K  S  I  O  C  H  I  E  S  A  E
E  D  N  A  R  G  T  S  O  F  S  C  E  L  R
D  R  P  F  X  T  O  S  S  I  S  E  R  U  I
V  D  E  J  H  Z  L  E  Z  L  I  S  P  T  O
T  R  W  V  B  V  O  C  N  Y  M  S  M  A  R
L  E  O  M  I  O  O  C  W  S  I  A  A  R  M
L  J  M  V  E  R  S  A  R  E  L  R  G  E  E
Z  V  J  A  I  Z  C  P  L  Q  E  I  L  W  N
L  I  M  O  N  E  C  S  N  Y  A  O  I  O  T
C  R  E  S  C  I  U  T  O  X  W  Z  A  C  E
```

PRESTO   PRESTAZIONI
MAGLIA   VASTO
COMPRESO   QUI
TEMA   SCRIVERE
ACCESSO   VALUTARE
SOCIETÀ   GRANDE
DISSIMILE   VERSARE
CRESCIUTO   UMIDITÀ
ULTERIORMENTE   TITOLO
NECESSARIO   LIMONE

Puzzle 1

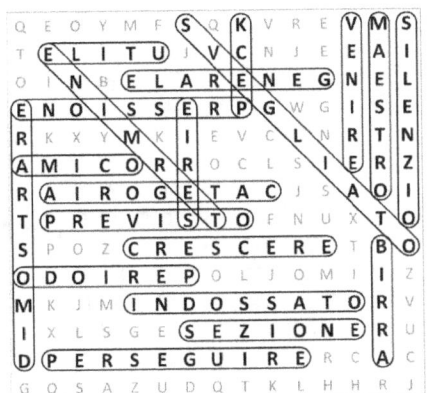

Puzzle 2

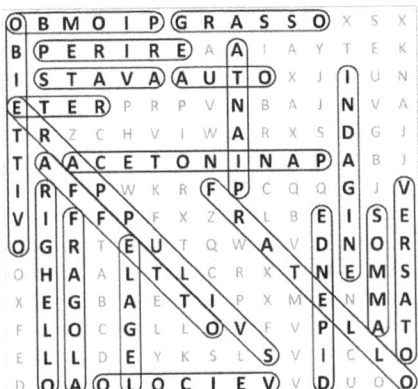

Puzzle 3

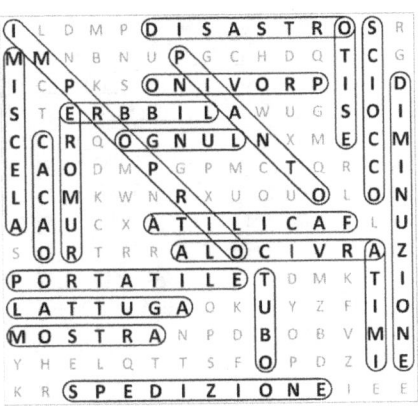

Puzzle 4

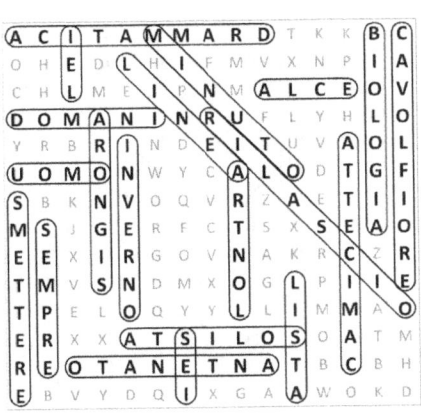

Puzzle 5

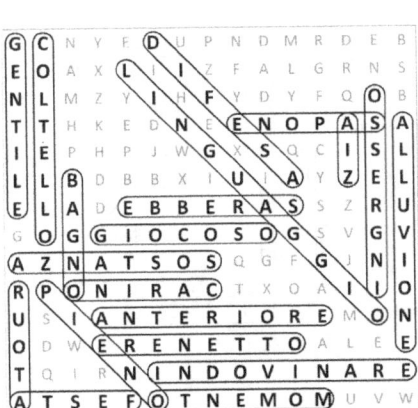

Puzzle 6

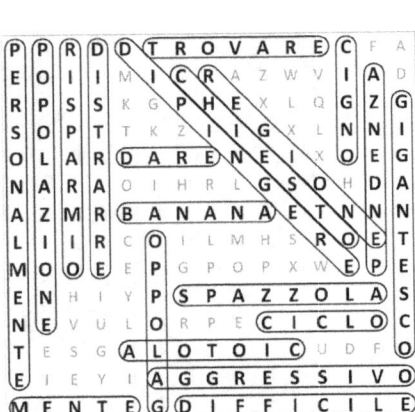

Puzzle 7

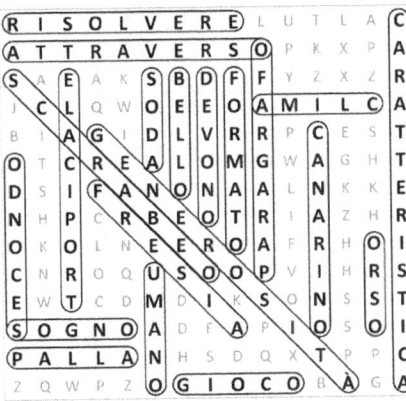

Puzzle 8

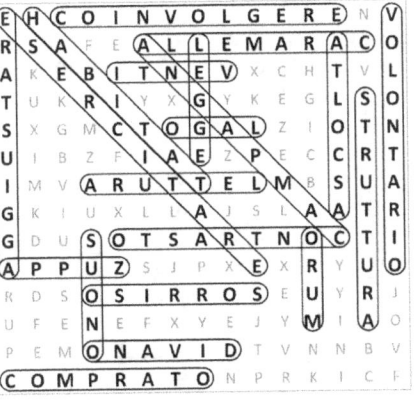

Puzzle 9

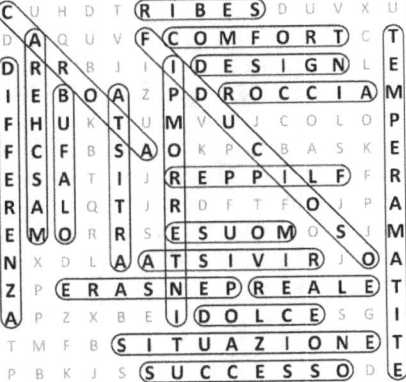

Puzzle 10

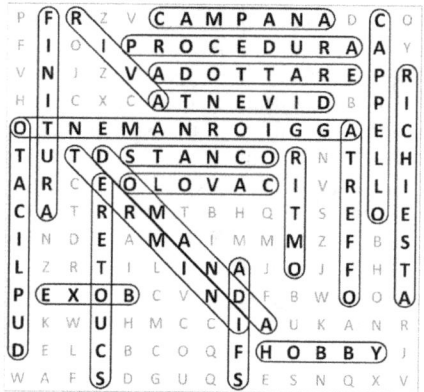

Puzzle 11

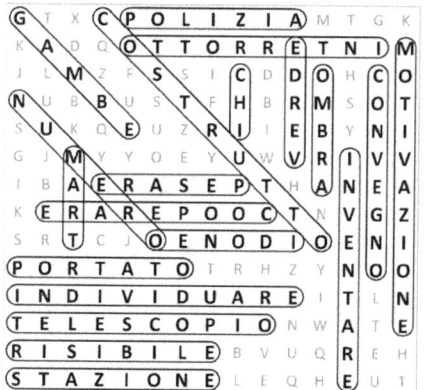

Puzzle 12

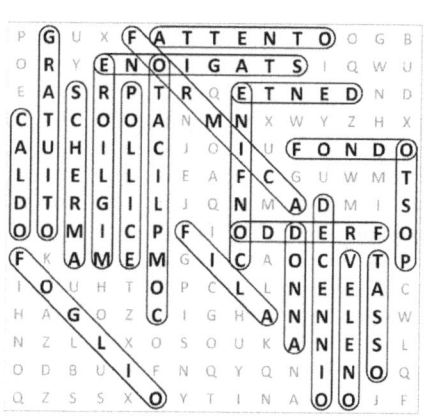

Puzzle 13

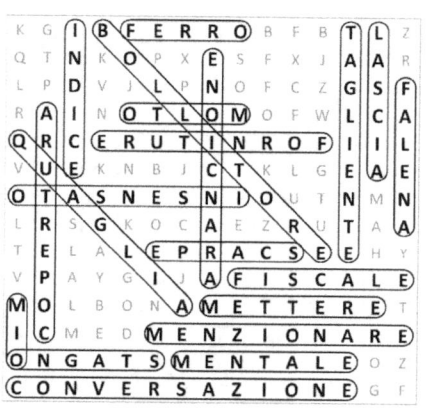

Puzzle 14

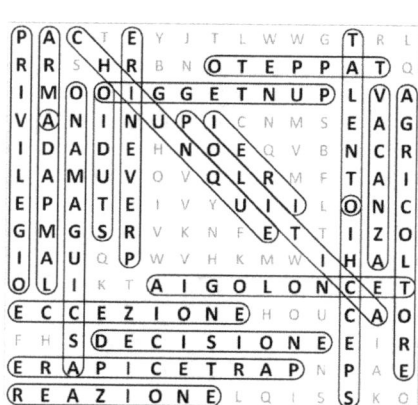

Puzzle 15

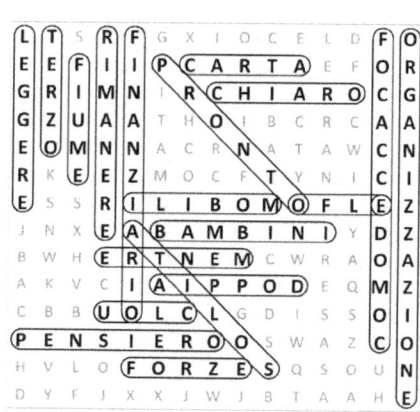

Puzzle 16

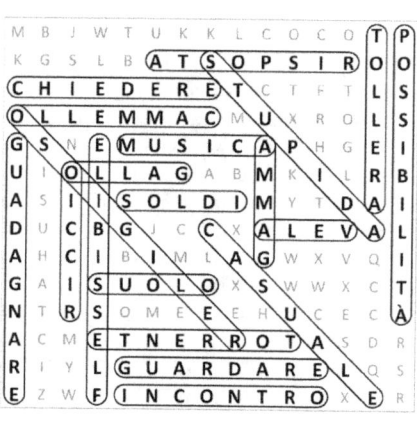

Puzzle 17

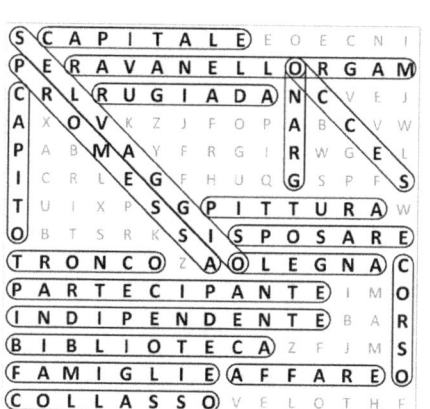

Puzzle 18

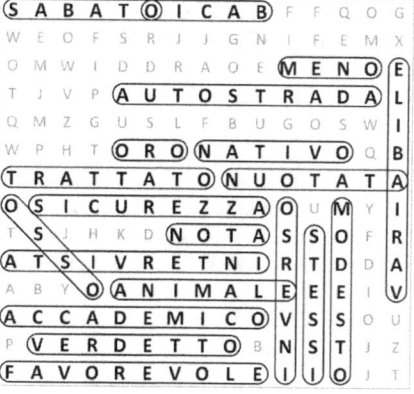

Puzzle 19

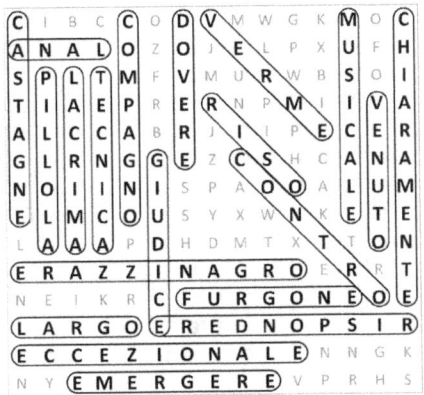

Puzzle 20

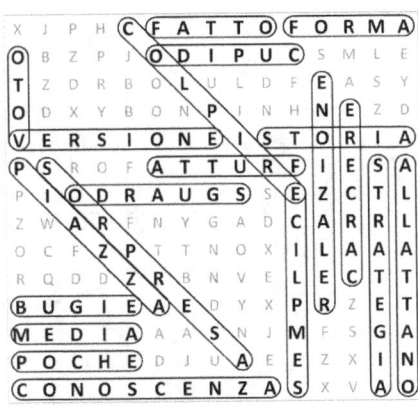

Puzzle 21

Puzzle 22

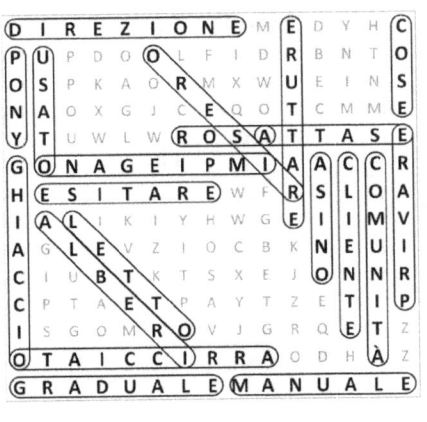

Puzzle 23

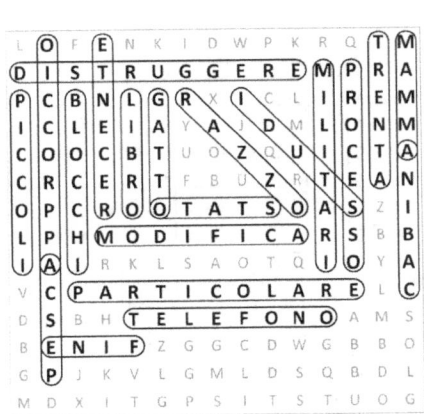

Puzzle 24

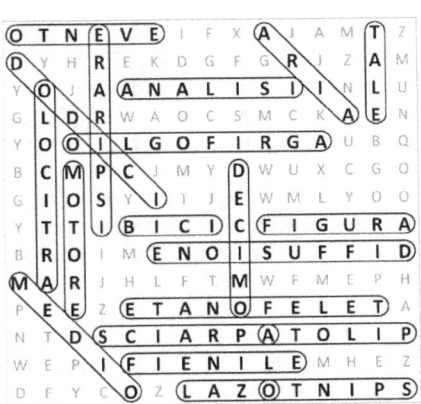

Puzzle 25

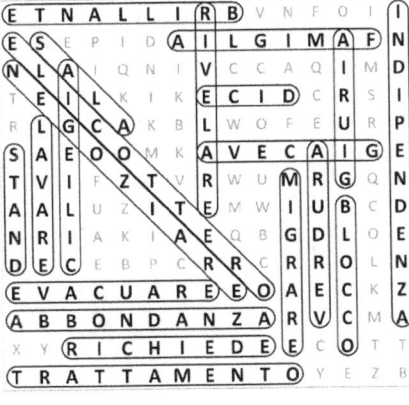

Puzzle 26

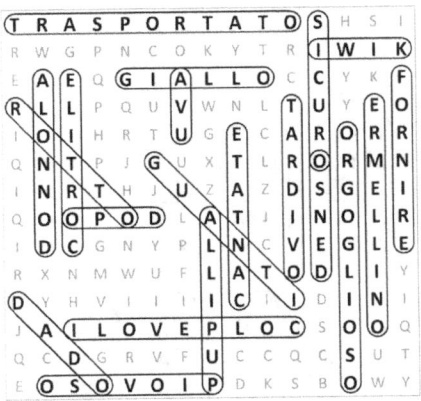

Puzzle 27

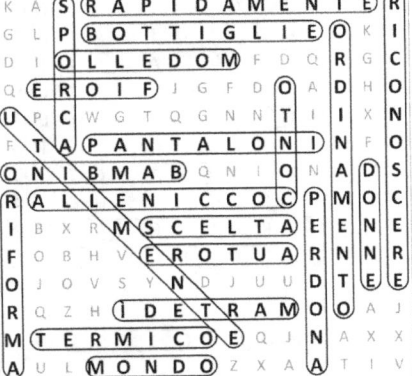

Puzzle 28

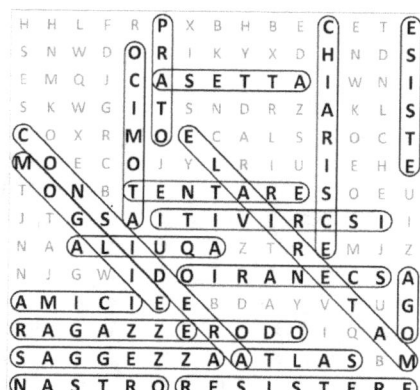

Puzzle 29

Puzzle 30

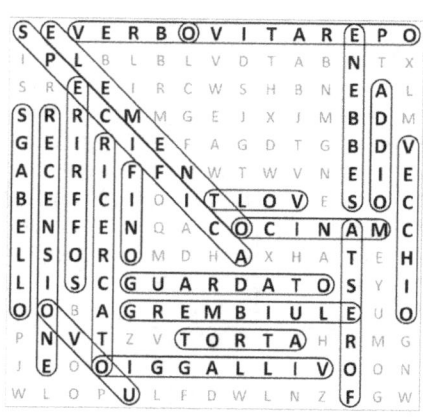

Puzzle 31

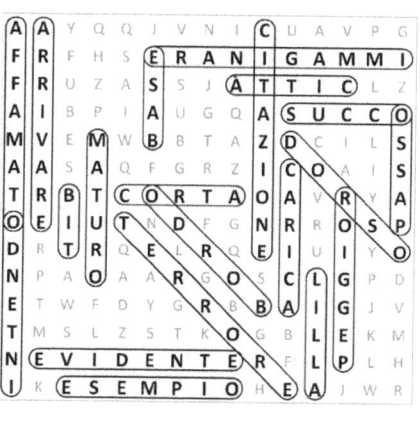

Puzzle 32

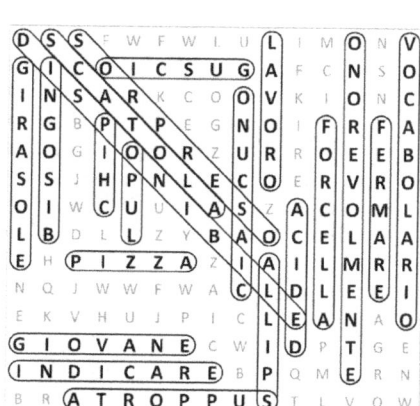

Puzzle 33

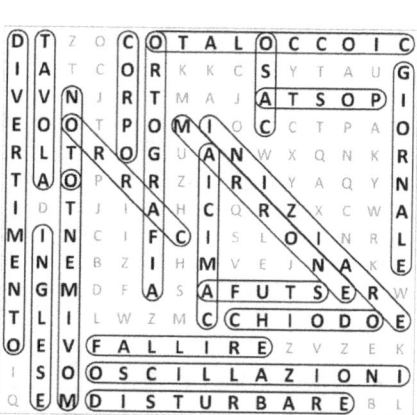

Puzzle 34

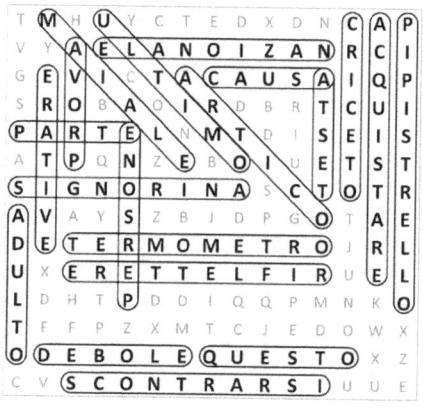

Puzzle 35

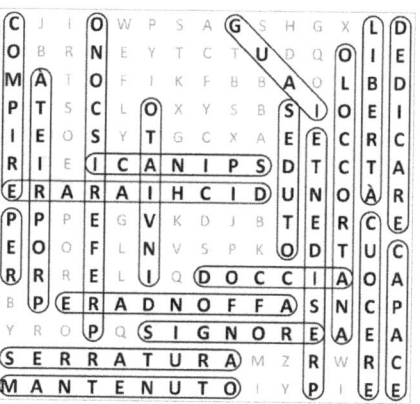

Puzzle 36

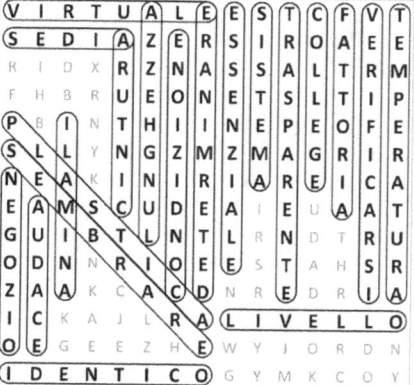

Puzzle 37

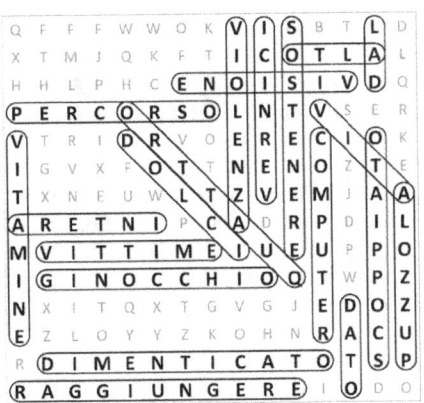

Puzzle 38

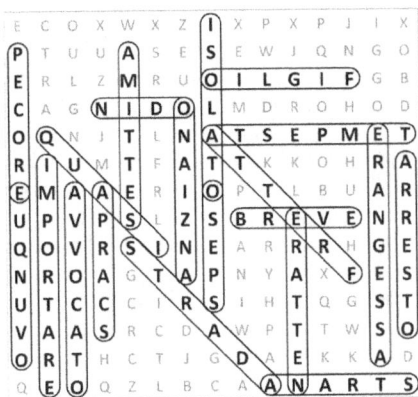

Puzzle 39

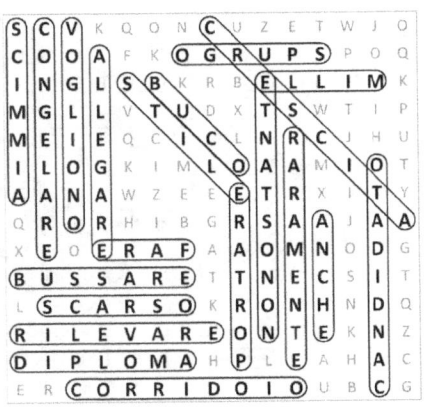

Puzzle 40

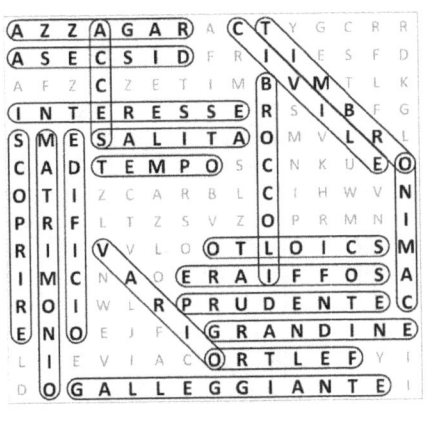

Puzzle 41

Puzzle 42

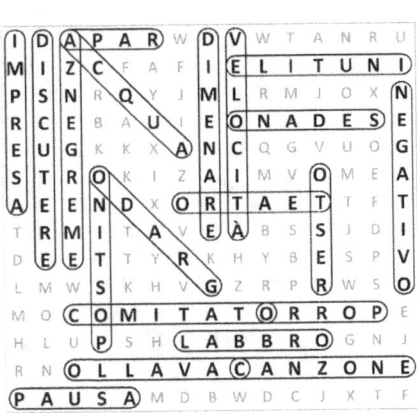

Puzzle 43

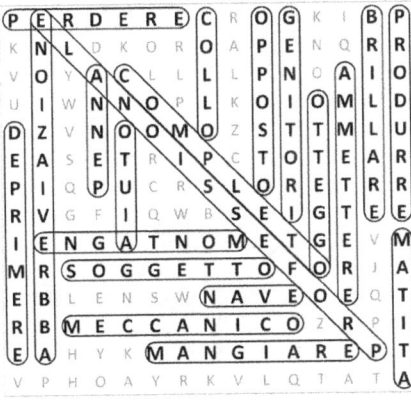

Puzzle 44

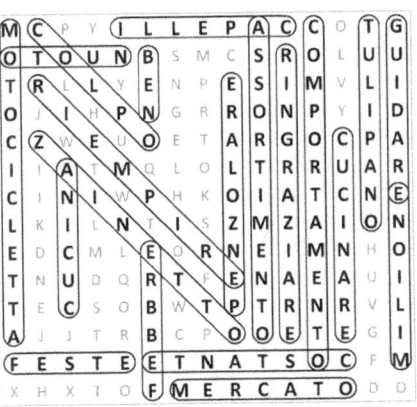

Puzzle 45

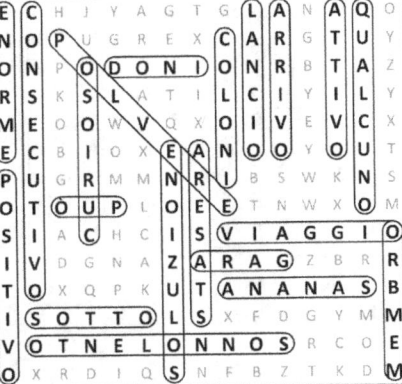

Puzzle 46

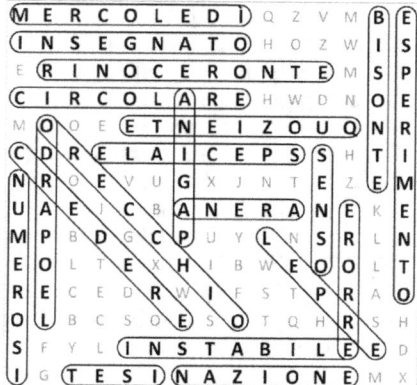

Puzzle 47

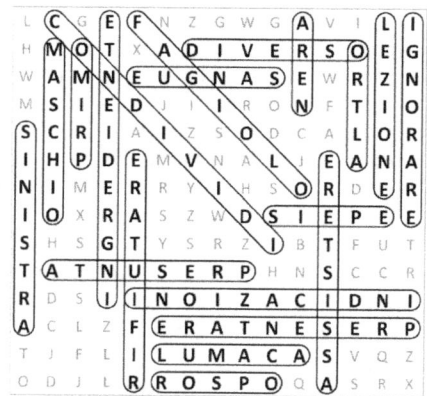

Puzzle 48

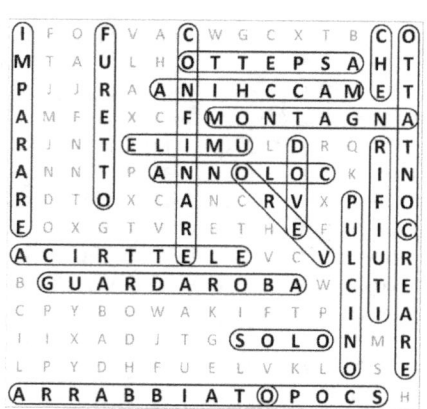

Puzzle 49

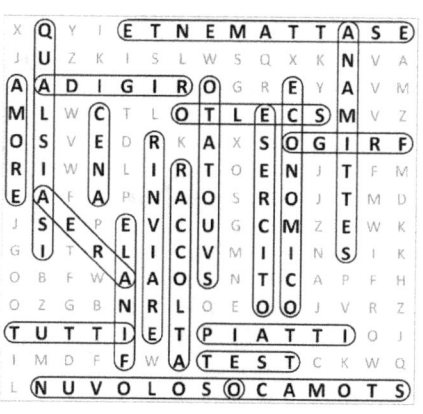

Puzzle 50

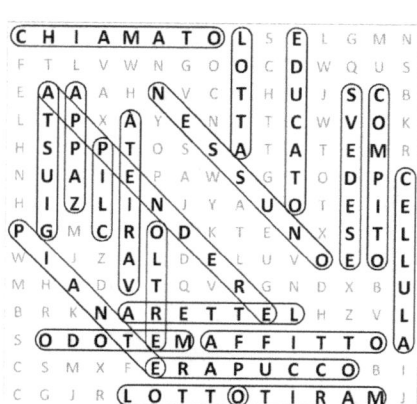

Puzzle 51

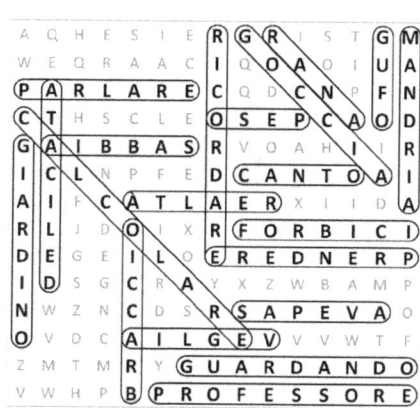

Puzzle 52

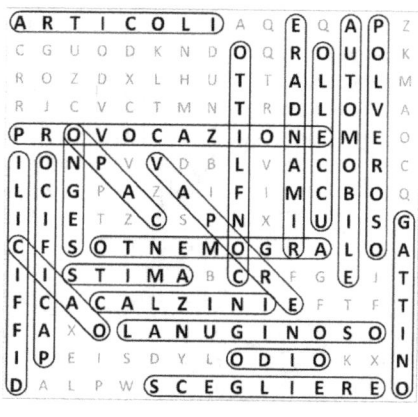

Puzzle 53

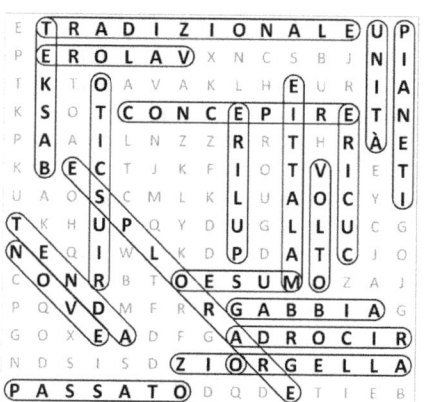

Puzzle 54

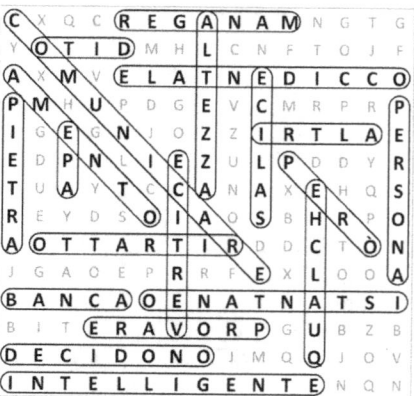

Puzzle 55

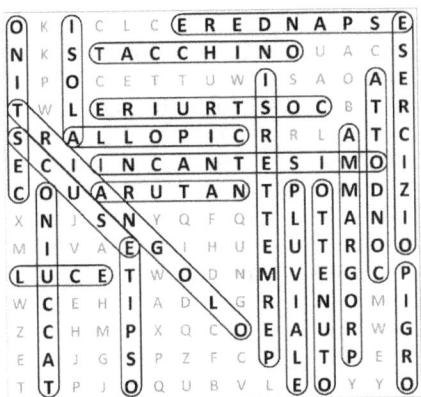

Puzzle 56

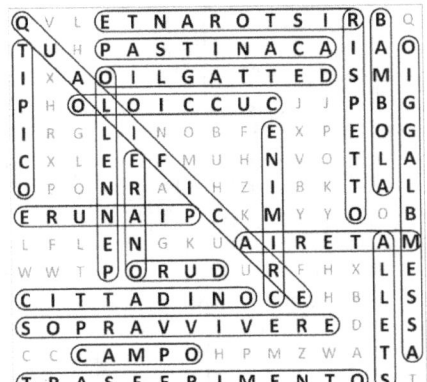

Puzzle 57

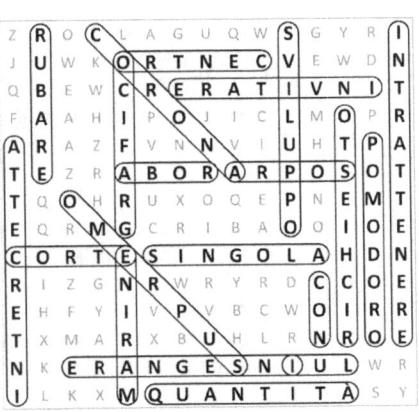

Puzzle 58

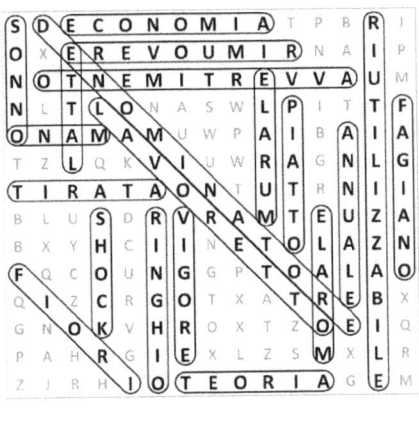

Puzzle 59

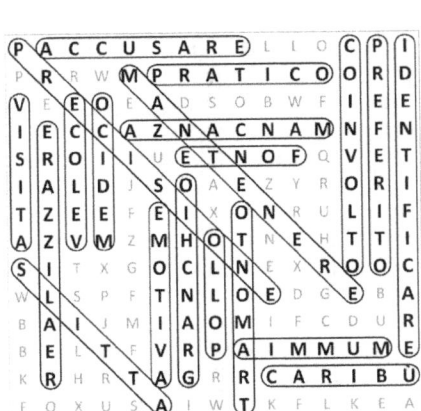

Puzzle 60

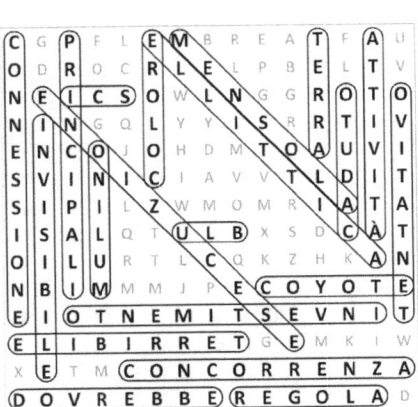

Puzzle 61

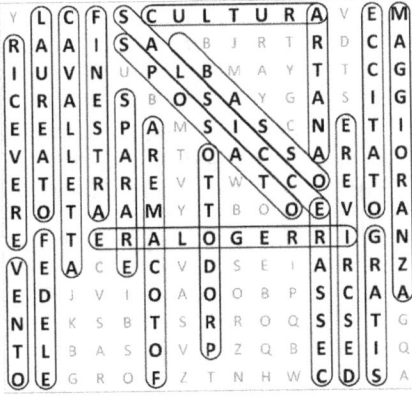

Puzzle 62

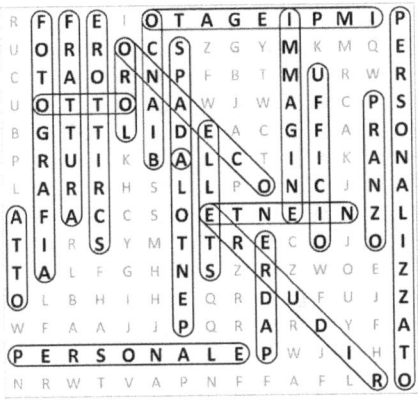

Puzzle 63

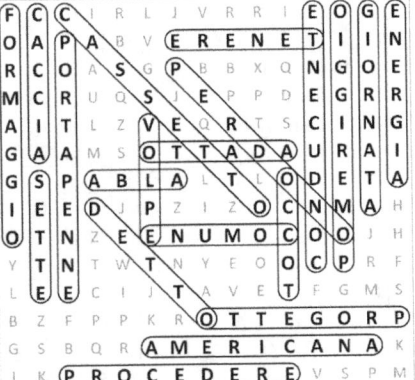

Puzzle 64

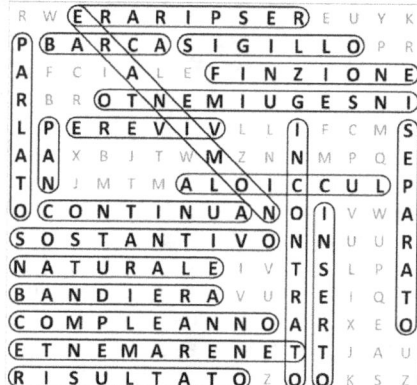

Puzzle 65

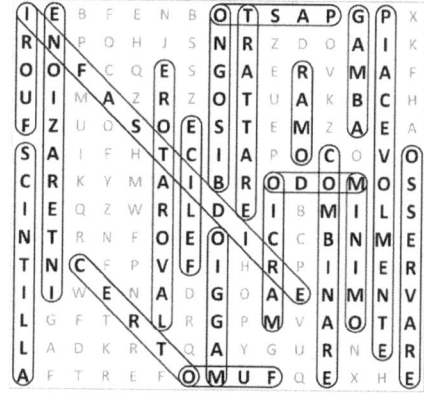

Puzzle 66

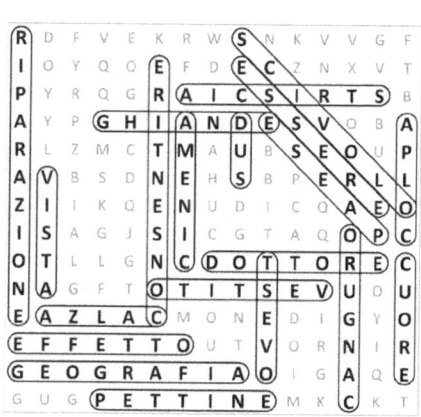

Puzzle 67

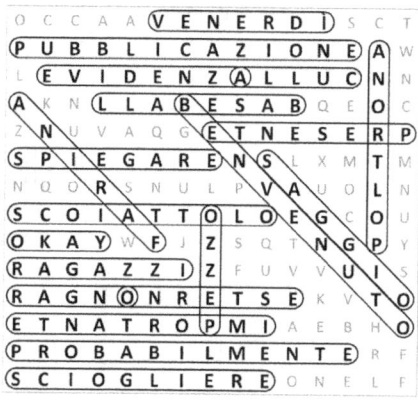

Puzzle 68

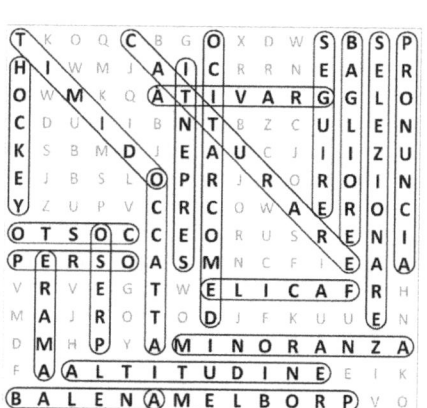

Puzzle 69

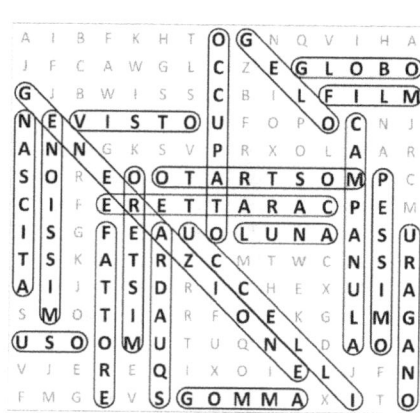

Puzzle 70

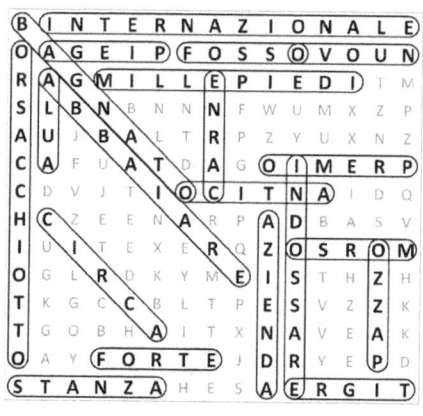

Puzzle 71

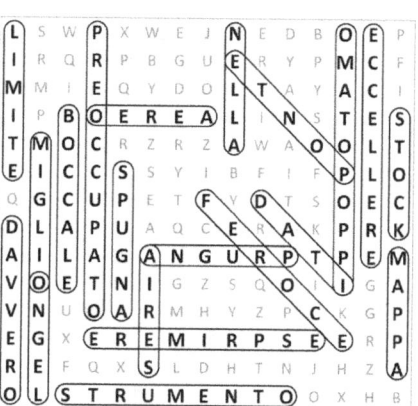

Puzzle 72

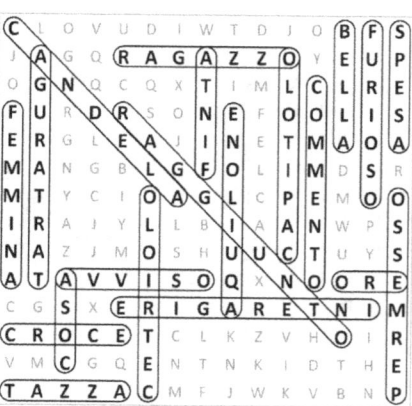

Puzzle 73

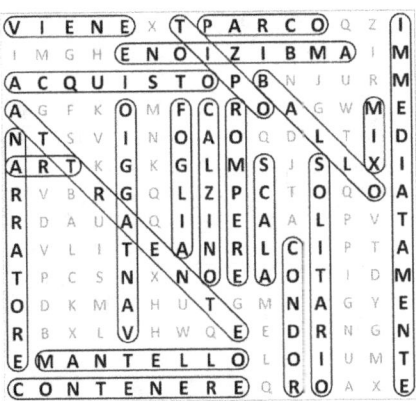

Puzzle 74

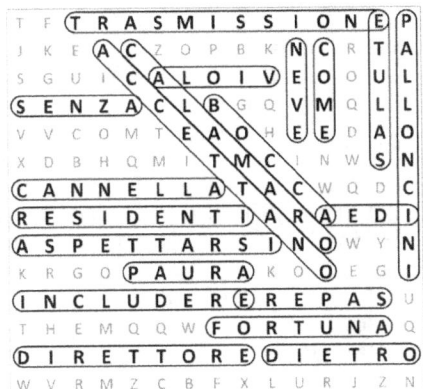

Puzzle 75

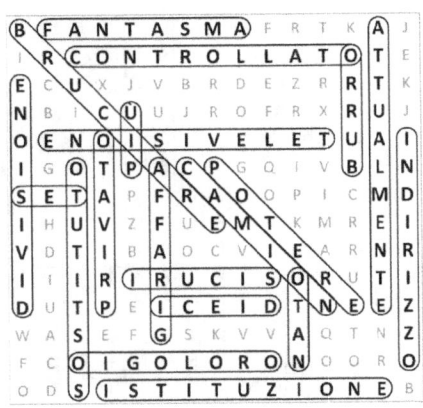

Puzzle 76

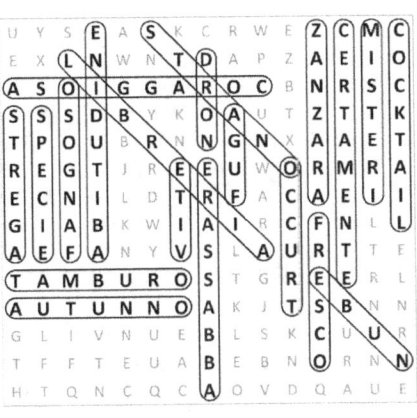

Puzzle 77

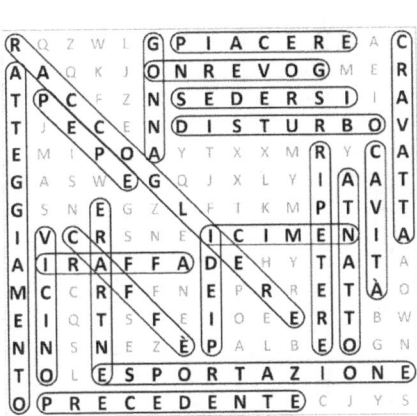

Puzzle 78

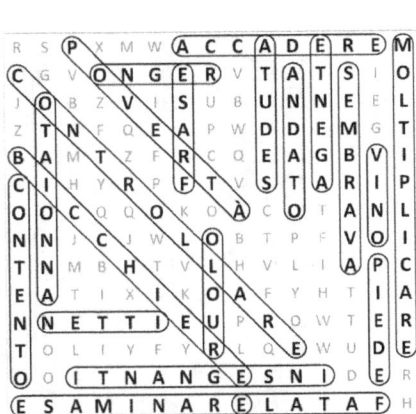

Puzzle 79

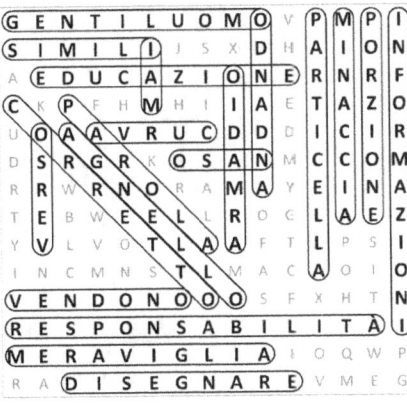

Puzzle 80

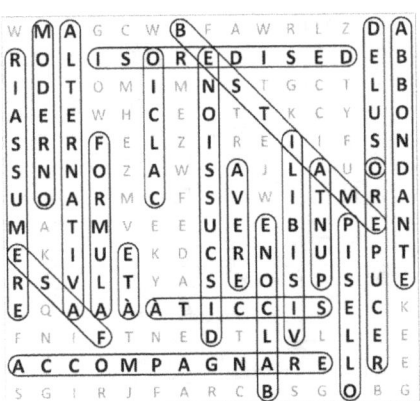

Puzzle 81

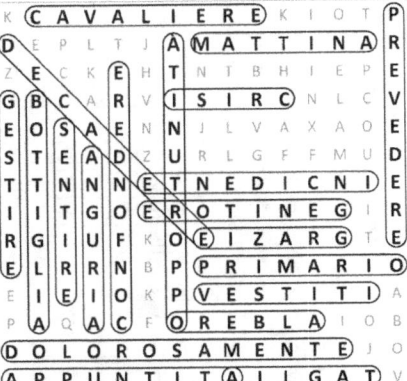

Puzzle 82

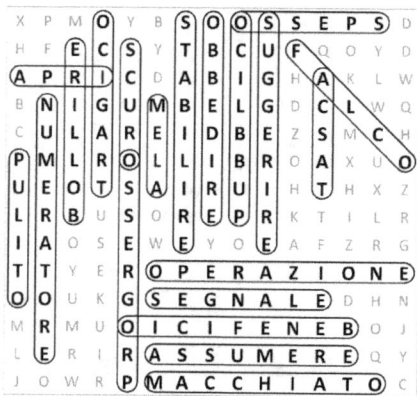

Puzzle 83

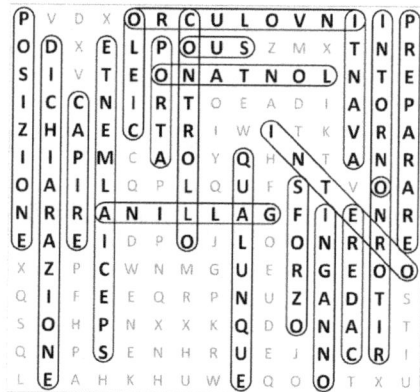

Puzzle 84

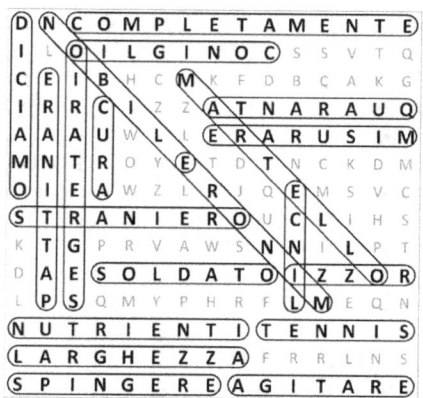

Puzzle 85

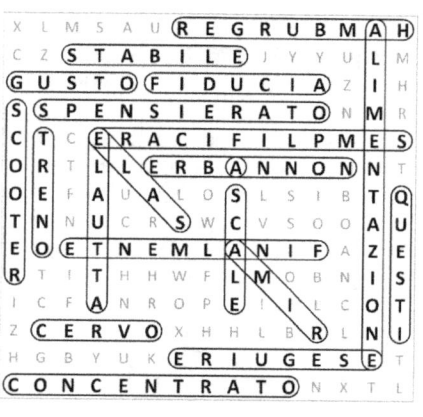

Puzzle 86

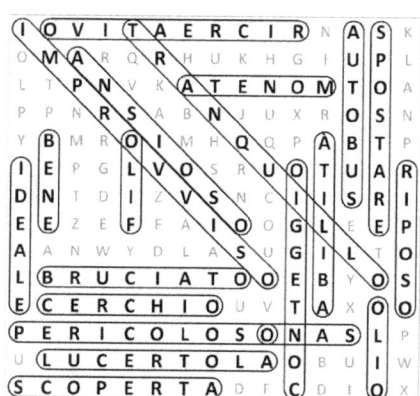

Puzzle 87

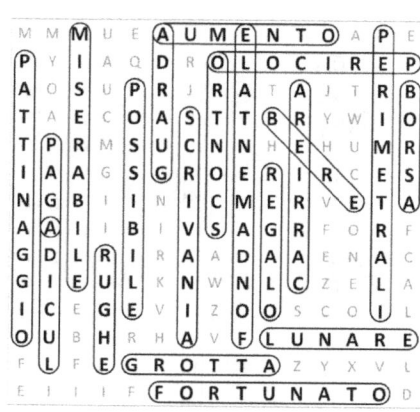

Puzzle 88

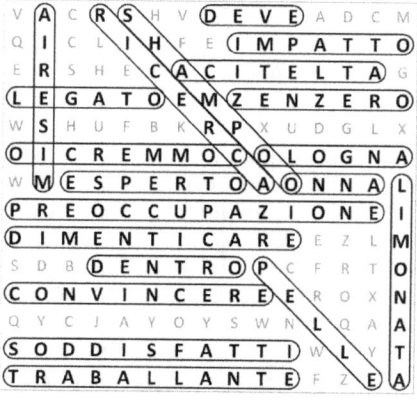

Puzzle 89

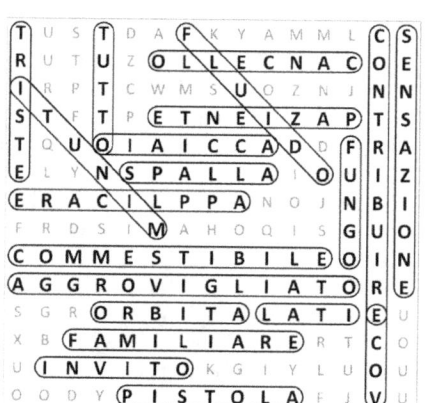

Puzzle 90

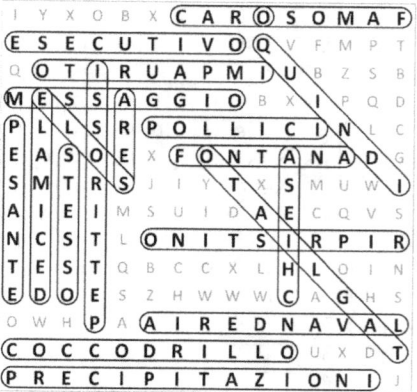

Puzzle 91

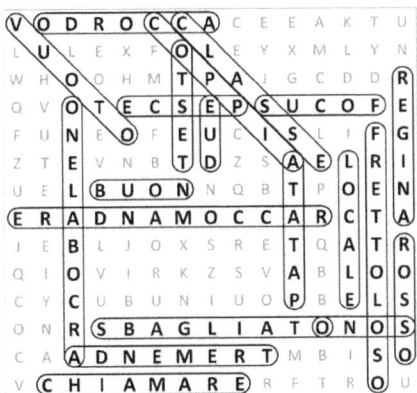

Puzzle 92

Puzzle 93

Puzzle 94

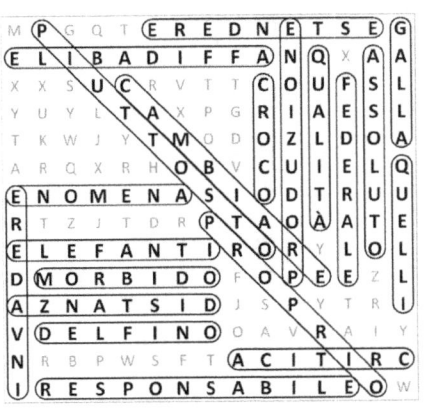

Puzzle 95

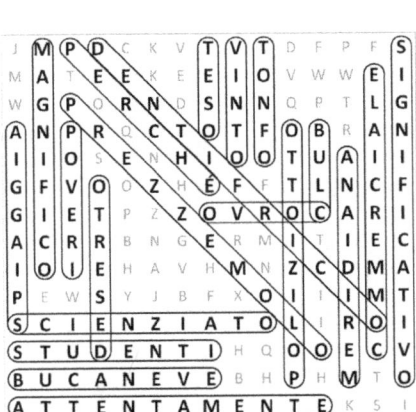

Puzzle 96

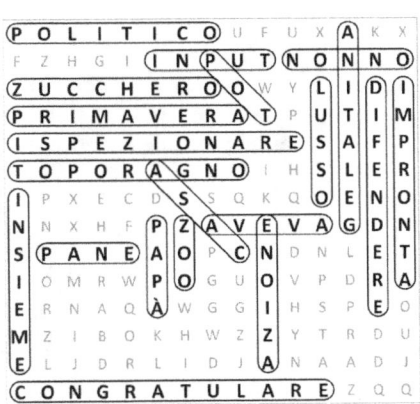

Puzzle 97

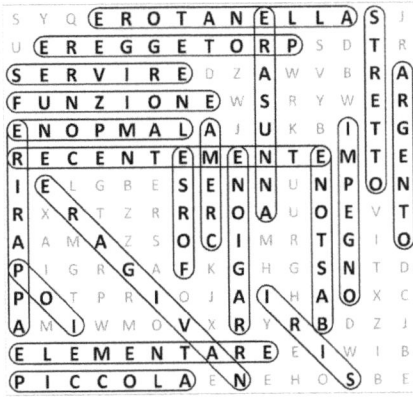

Puzzle 98

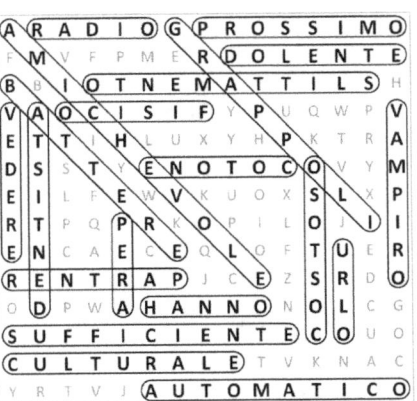

Puzzle 99

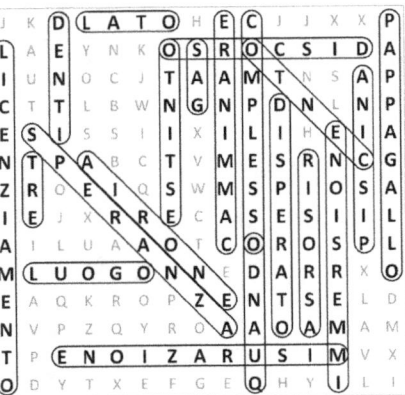

Puzzle 100

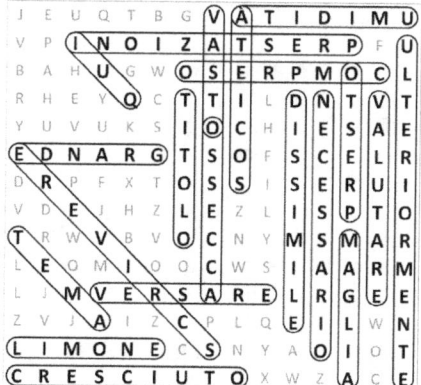

Congratulations

You made it!

We hope you enjoyed this book as much as we enjoyed making it. We do our best to make high quality games.

These puzzles are designed in a clever way to actively spark the brain and make it sharp and quick!
Did you love them?

A Simple Request

Our books exist thanks to the reviews you post on Amazon. Could you help us by leaving a review now?

Here is a short link which will take you to your Amazon orders review page.

BestBooksActivity.com/Review50

MONSTER CHALLENGE!

Challenge #1

Ready for Your Bonus Game? We use them all the time but they are not so easy to find. Here are **Synonyms**!

Note 5 words you discovered in each of the Puzzles noted below (#21, #36, #76) and try to find 2 synonyms for each word.

Note 5 Words from *Puzzle 21*

Words	Synonym 1	Synonym 2

Note 5 Words from *Puzzle 36*

Words	Synonym 1	Synonym 2

Note 5 Words from *Puzzle 76*

Words	Synonym 1	Synonym 2

Challenge #2

Now that you are warmed-up, note 5 words you discovered in each Puzzle
noted below (#9, #17, #25) and try to find 2 antonyms for each word.
How many lines can you do in 20 minutes?

Note 5 Words from **Puzzle 9**

Words	Antonym 1	Antonym 2

Note 5 Words from **Puzzle 17**

Words	Antonym 1	Antonym 2

Note 5 Words from **Puzzle 25**

Words	Antonym 1	Antonym 2

Challenge #3

Wonderful, this monster  challenge is nothing to you!

Ready for the last one? Choose your 10 favorite words discovered in any of the Puzzles and note them below.

1.	6.
2.	7.
3.	8.
4.	9.
5.	10.

Now, using these words and within a maximum of six sentences, your challenge is to compose a text about a person, animal or place that you love!

Tip: You can use the last blank page of this book as a draft!

Your Writing:

Explore a Unique Store
Set Up **FOR YOU!**

NOTEBOOK:

SEE YOU SOON!

Delta Classics Team

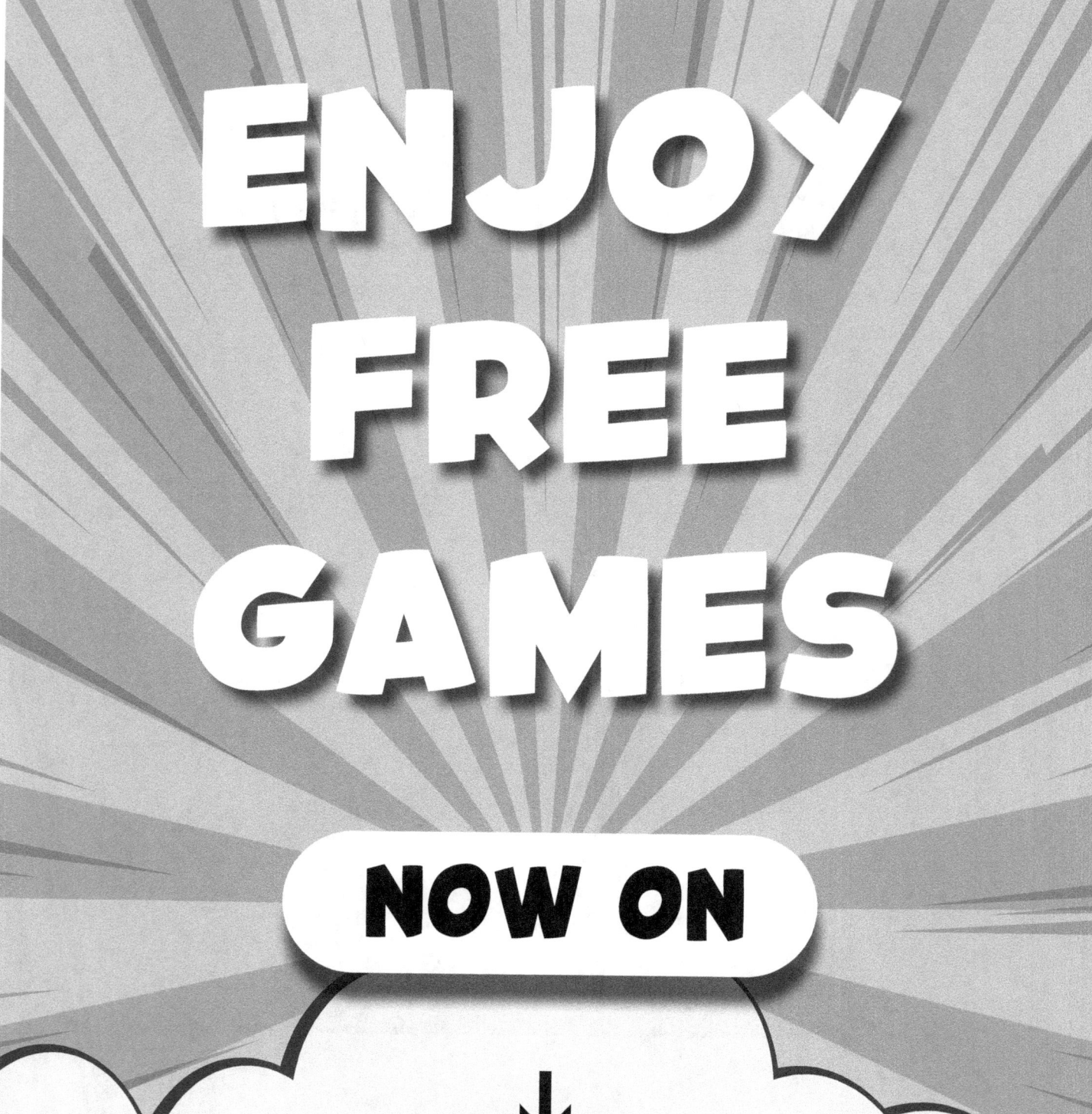

BESTACTIVITYBOOKS.COM/FREEGAMES